सामाजिक क्रांति की वाहक

सावित्रीबाई फुले

सामाजिक क्रांति की वाहक

सावित्रीबाई फुले

सुशीला कुमारी

प्रभात
प्रकाशन

प्रकाशक
प्रभात प्रकाशन प्रा. लि.
4/19 आसफ अली रोड, नई दिल्ली–110002
फोन : 011–23289777 • हेल्पलाइन नं. : 7827007777
इ–मेल : prabhatbooks@gmail.com ❖ वेब ठिकाना : www.prabhatbooks.com

संस्करण
2025

पेपरबैक मूल्य
तीन सौ पचास रुपए

मुद्रक
आर–टेक ऑफसेट प्रिंटर्स, दिल्ली

———————— ★ ————————

Samajik Kranti Ki Vahak : SAVITRIBAI PHULE
by Shri Sushila Kumari

Published by **PRABHAT PRAKASHAN PVT. LTD.**
4/19 Asaf Ali Road, New Delhi-110002

ISBN 978-93-5521-400-3

₹ 350.00 (PB)

दो शब्द

सावित्रीबाई फुले वह महान् नारी है, जिसने भारत में नारी शिक्षा का सूत्रपात किया। वे दलितों में प्रथम छात्रा, प्रथम अध्यापिका, प्रथम नारी नेता और प्रथम समाज-सेविका मानी जाती हैं। नारी का वर्तमान शिक्षित, सभ्य और पुरुष के कंधे से कंधा मिलाकर चलने का स्वरूप सावित्रीबाई फुले की ही देन है। नारी को आज जो स्वतंत्रता प्राप्त है, वह उन्हीं के अनवरत संघर्षों और प्रयासों का परिणाम है।

सावित्रीबाई फुले का यह अद्वितीय कार्य तब और महान् हो जाता है, जब हम उस कालखंड की सामाजिक व्यवस्था पर दृष्टिपात करते हैं। यह उन्नीसवीं शताब्दी का आरंभ था। मुगल साम्राज्य खँडहरों पर खड़ा ताक रहा था और ब्रिटिश ध्वज भारत की अधिकांश रियासतों के बुर्जों पर लहरा रहा था। पहले मुगल साम्राज्य के अंतिम सम्राटों की विलासिता ने ही भारतीय संस्कृति को चरमरा दिया था, तत्पश्चात् पुरोहितवाद ने समाज को ऐसे कल्पित पाप, श्राप और मोक्ष की पाखंडी बेड़ियों में जकड़ दिया था कि मानव ही मानव को मानव न समझने का भ्रम पालने लगा। इनमें दलितों, पिछड़ों की दशा बहुत ही दयनीय थी। उनके सब अधिकार छिन चुके थे।

दलितों को उस समय स्पर्श करना भी अपवित्रता का कारण घोषित हो चुका था। बैलों को तो फिर भी समय पर भोजन और विश्राम मिल जाता था, परंतु दलित मजदूर को यह भी नहीं मिलता था। उसे भूखे पेट रगड़ा जाता था। बेगारी उसकी नियति थी और उस पर भी प्राणों का कोई भरोसा नहीं था कि कब छीन लिये जाएँ। बँधुआ मजदूर उस कालखंड में कफन के साथ जलाया गया हो, इसमें भी संदेह है। उसके द्वारा लिये कर्जे में अभी भी बहुत शेष रह गया होता था, जो निर्दयी साहूकार, महाजन, बड़े भूमिहार कफन से वसूलते थे।

बँधुआ मजदूरों से भी गई-बीती दुर्दशा नारी की थी, जिसे शास्त्रों ने ऐसे

संस्कारों, मर्यादाओं और नियमों में बाँधा था कि वह पुरुष की चेरी बनकर रह गई थी।

फुले दंपती ने नारी को इस दुर्दशा से बाहर निकालने के लिए उल्लेखनीय कार्य किए। अछूत और दलित समाज में जागरूकता बढ़ाने के लिए सावित्रीबाई फुले ने उन्हें शिक्षा का महत्त्व समझाया।

फुले दंपती का संपूर्ण जीवन अछूतों, दलितों एवं नारी के उद्धार हेतु समर्पित रहा। प्रस्तुत पुस्तक 'सामाजिक क्रांति की वाहक : सावित्रीबाई फुले' में विपरीत परिस्थितियों में फुले दंपती के उल्लेखनीय कार्यों का बेबाक चित्रण किया गया है। इसके साथ ही सावित्रीबाई फुले के कुछ अनछुए पहलुओं पर भी कलम चलाने का प्रयास किया है। यह प्रयास कितना सफल और सार्थक रहा, इसका मूल्यांकन करना पाठकों का अधिकार है।

इस पुस्तक में किसी जाति, धर्म और वर्ग विशेष पर टीका-टिप्पणी करना अथवा लांछन लगाना मेरा उद्‌देश्य नहीं है, बल्कि तत्कालीन परिस्थितियों के मद्‌देनजर यदि किसी भी व्यक्ति विशेष की भावनाएँ आहत होती हैं तो मैं क्षमाप्रार्थी हूँ। मेरा न कोई ऐसा उद्‌देश्य था और न है। कृपया पुस्तक के कथ्यों एवं तथ्यों को सकारात्मक स्वरूप में स्वीकार करें। मेरा विश्वास है कि प्रस्तुत पुस्तक सभी पाठक वर्गों के लिए प्रेरणादायी सिद्ध होगी।

—सुशीला कुमारी

अनुक्रम

1

सबका भगवान् एक

भारत में ईस्ट इंडिया कंपनी व्यापारी बनकर आई थी, पर देशी नरेशों, नवाबों और सत्ताधीशों की आपसी फूट का लाभ उठाकर भारत की शासक बन बैठी थी। सन् 1838 के आस-पास कंपनी का शासन चरम पर पहुँचने लगा था, साथ ही अंग्रेजों के अत्याचार भी चरम की ओर अग्रसर हो रहे थे।

अंग्रेजों ने चालाकी और धोखेबाजी से भारत में सत्ता स्थापित की थी। अब इस सत्ता को पूर्णकालिक स्थायित्व देने के लिए अंग्रेज ईसाई मिशनरीज के जरिए प्रेम का प्रपंच रचकर आम भारतीयों को ईसाई धर्म में प्रवृत्त करने को प्रेरित कर रहे थे। ईसाई मिशनरीज हाट, मेले और उत्सवों आदि में आम भारतीयों की भीड़ देखते ही वहाँ पहुँच जाती थीं। प्रकटतः ईसाई मिशनरीज आम भारतीय से बड़े ही प्रेम से मिलतीं, किंतु भारतीय प्रायः इनसे घृणा करते थे।

सन् 1838 में अंग्रेजी शासनकाल में भारत की छवि अल्पशिक्षित, कर्मकांडी और जात-पाँत के भेदभाव से परिपूर्ण थी। अंग्रेज मिशनरीज इसका भरपूर लाभ उठाती थीं। सतारा जिले के एक गाँव नायगाँव की एक घटना कुछ ऐसी ही परिस्थितियों की मूकदर्शक बनने जा रही थी।

आज नायगाँव में सुबह से ही बड़ी चहल-पहल थी। सावला महाराज मंदिर के विशाल प्रांगण में आज मेला लगा था। सुबह से ही दुकानें सज गई थीं। आसपास के गाँवों से लोग इस मेले में दुकानें लगाने आते थे। गाँव-देहात की रोजमर्रा की चीजों की दुकानों के अलावा भारतीय मेलों की पारंपरिक चाट-पकौड़ी, गुब्बारे, खिलौने आदि की भी बहुत सी छोटी-बड़ी दुकानें सजी थीं।

सतारा जिले की खंडाला तहसील के इस गाँव को सह्याद्रि पर्वत-शृंखला ने पश्चिम और दक्षिण की ओर से सुरक्षित किया हुआ था। कुछ ही दूरी पर नीरा नाम की नदी बहती थी। दूर-दूर तक ग्रामीण वातावरण दिखाई देता था। खेतों में

लहलहाती फसलें, सब्जियों और फूलों की बहुतायत इस गाँव की आर्थिक समृद्धि का प्रतीक थी। धार्मिक आस्थाओं में नायगाँव सहित समूची खंडाला तहसील का जिले भर में नाम था। भैरवनाथ इस क्षेत्र के मुख्य ग्रामदेवता हैं। अंबाबाई और भवानी माता की पूजा यहाँ बड़ी श्रद्धा और धूमधाम से की जाती है। अंबाबाई की पताका की शोभायात्रा बड़ी ही दर्शनीय है। चैत्र की एकादशी (शुक्ल) को गाँव के श्रद्धालु अंबाबाई की पताका लेकर तुलजापुर तक पदयात्रा करते हैं और अक्षय तृतीय के दिन देवी का डोला जब वापस नायगाँव आता है तो क्षेत्र भर के लोग भजन-कीर्तन करते हुए उसका स्वागत करते हैं। पेशवाई काल से यह परंपरा चली आ रही है। इस दलित-बाहुल्य क्षेत्र में भी व्याप्त धार्मिक संकीर्णता का वर्चस्व साफ देखा जा सकता है।

सावला महाराज की पूजा में दलित समुदाय के लोग मंदिर के प्रांगण में ही अपनी श्रद्धा-भक्ति और आनंद का प्रदर्शन कर सकते थे और शाम को होनेवाली भव्य आरती में भी वे दूर से ही भाग ले सकते थे। उन्हें मंदिर की सीढ़ियाँ तक चढ़ने की इजाजत नहीं थी। ऐसा भेदभाव और भगवान् पर सवर्णों का एकाधिकार था। दलितों और पिछड़ों के लिए ऐसे अवसर अधिकांशत: मेलों में दुकानें सजाकर चार पैसे कमाने के होते थे, जिनमें दुकानदार और खरीदार दोनों ही प्राय: पिछड़ी और दलित जातियों के होते थे। अगड़ी जातिवालों की विशेष दुकानें होती थीं।

उस समय अंग्रेजी राज था और ईसाइयत का प्रचार-प्रसार जोरों पर था। ईसाई मिशनरीज ऐसे दलित क्षेत्रों और आयोजित मेलों पर अधिक नजर रखती थीं, जहाँ इन्हें अपनी स्वार्थ-सिद्धि की संभावना कुछ अधिक ही दिखती थी। इस मेले में भी ईसाई मिशनरी का एक दल मेले के आने-जानेवाले रास्ते पर तैनात था और आने-जानेवाले लोगों को यीशु-महिमा से परिचित करा रहा था। यद्यपि उनके पास कोई भी ठहरने को राजी नहीं था और लोग कन्नी काटकर निकल जाते थे, परंतु मिशनरी के सदस्यों को धैर्य और मुसकराहट की जो शिक्षा दी जाती थी, वह साफ देखी जा सकती थी। जबरन किसी को पकड़कर उसे यीशु-महिमा सुनाने का उन्हें आदेश नहीं था।

इसी मेले की चहल-पहल में एक आठ वर्षीय हृष्ट-पुष्ट सुंदर बालिका भी इधर-से-उधर चहकती फिर रही थी। फूलोंवाली फ्रॉक पहने हुए इस बालिका की मुट्ठी में कुछ पावले (पैसे) दबे थे, जो उसकी माता ने उसे मेले में खर्च करने को दिए थे। वह कभी खिलौनों की दुकान पर जाती और ध्यान से खिलौनों को देखती। मिट्टी के वे खिलौने देखने में तो बड़े सुंदर थे, परंतु बालिका उनकी

भंगुरता को लेकर संशय में थी। वैसे भी उसके पास पहले ही बहुत से खिलौने थे, जिनमें कई सुंदर गुड़िया तो उसकी माता ने बनाई थीं। गुब्बारों से भी उसे कोई अधिक मोह नहीं था। उसने कई बच्चों को गुब्बारे खरीदते देखा था, जिनमें से बहुत से गुब्बारे तो मेले में ही फूट जाते थे।

वह बालिका अभी निर्णय नहीं कर पा रही थी कि अपने पैसों को कैसे खर्च करे। बहुत देर इधर-उधर घूमकर वह झूले के पास भी आई, जहाँ कुछ बच्चे झूल रहे थे। एक पैसे में दो चक्कर! ऊँह, महँगा। गिनती के चार पावले गोल-गोल घूमने में खर्च करना समझदारी नहीं थी। वह तुनककर आगे आई और उसकी आँखें चमक उठीं। उसकी जीभ चटखारे लेने लगी। सामने चाट-पकौड़ी और मिठाई के खोमचे लगे थे। बालिका यहाँ भी दुविधा में पड़ गई कि वह पकौड़ी ले या जलेबी। दोनों ही चीजें उसे पसंद थीं। अंततः उसने दो-दो पावले की दोनों चीजें ले लीं।

बालिका ने दोनों चीजों को पेड़ की छाया में बैठकर खाने का विचार किया। यद्यपि उसे अपनी माता की यह हिदायत भी याद आ रही थी कि मेले में खाने की चीजें, खासकर लड़कियों को छुपकर खानी चाहिए या घर लाकर खानी चाहिए। घर दूर था। जलेबियाँ वहाँ तक ठंडी हो जाती थीं। खाने का लोभ बालिका से सँवरण न हो रहा था। अतः वह एक पेड़ के तने के पीछे छुपकर खाने बैठ गई। एक पकौड़ी के बाद जलेबी का मीठा-नमकीन स्वाद लेने में इतनी व्यस्त थी कि वह अपने समीप आ खड़े हुए पादरी को न देख पाई।

"यह अच्छी बात नहीं है, माई चाइल्ड!" पादरी ने कहा, तो वह चौंकी और दोनों चीजें पीठ पीछे छुपा लीं, "तुम्हें इन चीजों को घर ले जाकर खाना चाहिए था। अच्छी लड़कियाँ इस प्रकार असभ्यता का प्रदर्शन नहीं करतीं। तुम्हारी माता ने तुम्हें यह बात जरूर बताई होगी।"

बालिका ने अपराध-बोध महसूस किया और वह दोनों चीजें वहीं जमीन पर रखकर तनिक पीछे हटकर खड़ी हो गई।

"शाबाश माई चाइल्ड! पर इन्हें जमीन पर नहीं रखना चाहिए था। अब इन्हें उठाना मत। लो, हम तुम्हें बिस्कुट देते हैं।" पादरी ने अपने चोगे से बिस्कुट का एक पैकेट निकालकर उसकी ओर बढ़ाया तो वह सहमी खड़ी रही।

"बेटी, मैं तुम्हारे पिता की तरह हूँ। क्या पिता अपनी बेटी को कुछ खाने को नहीं दे सकता। इसमें संकोच कैसा! लो और घर ले जाकर अपनी माता को बताना कि पादरी अंकल ने तुम्हारी जलेबी-पकौड़ी फिंकवाकर बिस्कुट दिया।

देखना, वे भी बहुत खुश होंगी।''

पादरी की स्नेहपूर्ण बात सुनकर बालिका ने बिस्कुट का पैकेट ले लिया।

''और यह भी लो, बेटी! यह भगवान् की पुस्तक है। इसमें परमात्मा के पुत्र यीशु के जीवन की सचित्र झाँकी है। तुम पढ़ तो नहीं पाओगी, पर चित्र देखकर तुम्हारे चित्त को बहुत आनंद प्राप्त होगा।'' पादरी ने स्नेहपूर्वक कहा।

यह वह लघु पुस्तिका थी, जिसमें यीशु का जीवन-चरित्र छपा था और इसे भारतीय समाज के घर-घर में पहुँचाने का लक्ष्य ईसाई मिशनरीज के प्रचारकों ने तय कर रखा था। चिकनी-चुपड़ी बातें, लोभ-लालच, धार्मिक प्रोपेगंडा आदि जो भी तरीका सफल हो, वही ये प्रचारक अपनाते थे और कई बार ये सफल भी होते थे, जबकि अधिकांश भारतीय उनसे बातें करना तक पसंद नहीं करते थे और उनकी किताब को छूना भी धर्मभ्रष्ट होने जैसा मानते थे। बालिका भी पादरी की चिकनी-चुपड़ी बातों में आ गई थी और वह सुंदर दिखनेवाली पुस्तक ले ली थी, फिर वह अपने घर की ओर चल पड़ी। रास्ते में ही गाँव का धोंडवा कुम्हार मिल गया।

''यह यह क्या बिटिया!'' धोंडवा आश्चर्य और भय से बोला, ''तुमने पापी ईसाई से खाने की चीज ले ली और यह किताब भी। अंबाबाई रक्षा करे। भैरोंनाथ रक्षा करें। यह तुमने क्या अधर्म किया! फेंको इन्हें नाली में।''

''काका!'' बालिका दृढ़ स्वर में बोली, ''यह भगवान् की पुस्तक है और सभी का भगवान् एक ही होता है। मैं इसे नाली में फेंककर भगवान् का अपमान क्यों करूँ?''

''राम-राम-राम!'' तभी एक वृद्ध ग्रामीण आ गया, ''यह वाचाल लड़की गोरों के भगवान् को घर ले जा रही है। कोई इसके पिता से जाकर कहो। किसी और का बालक ऐसा करता तो पंच-पंचायत बैठ जाती। मुखिया होकर ऐसा काम!''

''यह बहुत जिद्दी लड़की है। ऐसी बातों पर बहस करने लगती है। पिछले साल देखा था। मंदिर में पूजा करने जा घुसी, तब पुजारी पंडितों ने कितना भला-बुरा कहा और यह उनसे झगड़ बैठी कि मंदिर सबका होता है। मुखियाजी को भी क्षमा माँगनी पड़ी और दंड भी भरना पड़ा।'' धोंडवा ने कहा।

''तो मैंने गलत क्या कहा था, काका! वही पुजारी जब चढ़ावा लेता है तो नहीं देखता कि वह माली के घर से है या माँगर के घर का।'' बालिका रोष से बोली, ''पर जब पूजा की बात आती है तो दलितों को मंदिर के अंदर घुसने भी

नहीं दिया जाता। यह भेदभाव नहीं है तो क्या है ?''

''बिटिया! पुजारी-पंडे भगवान् के गण होते हैं, उन्हें नाराज नहीं करते। तुम यह किताब फेंक दो, वरना फिर से गाँवों में बामनों की पंचायत हो जाएगी।''

''मैं यह किताब नहीं फेंकूँगी।'' बालिका ने स्पष्ट किया, ''यह मुझे भगवान् का नाम लेकर दी गई है। भगवान् का निरादर मैं नहीं करूँगी, भले ही बामन मुझे फाँसी पर लटका दें।''

बालिका का रोष देखकर सब आश्चर्य में थे। थोड़ी ही देर में यह बात नायगाँव के घर-घर में चर्चा का विषय बन गई थी।

□

2

अर्थदंड और सामाजिक बहिष्कार की धमकी

नायगाँव के मुखिया खंगेजी नेवसे पाटील कुछ देर पहले ही मेले से आए थे। वे गाँव में होने वाले आयोजनों के व्यवस्थापक थे, अतः पिछले दो दिन से ही व्यस्त थे। सुबह सवेरे के गए अब लौटे थे और स्नान करने जा रहे थे। उनके तीनों बेटे उनके आते ही मेला जाने के लिए मचलने लगे थे। छह साल का सिदुजी, पाँच साल का सखाराम और चार साल का श्रीपति। इन्हीं मुखिया की निर्भीक बिटिया सावित्रीबाई थी, जिसकी वाचालता, चंचलता और दार्शनिकता का सारा गाँव कायल था। वह सुबह ही मेले को चली गई थी। अपनी बेटी को बहुत स्नेह करनेवाले मुखिया को उस पर गर्व भी बहुत था। कई बार उसकी शिकायतें भी आती थीं, मगर वैचारिक स्तर पर उन्हें उनमें कुछ भी गलती नजर नहीं आती थी, फिर भी उन्हें अपनी पुत्री को ही डाँटना पड़ता था। पार साल गाँव में एक मरखना साँड़ आ गया था, जिसने पशुओं और आदमियों को परेशान कर दिया था, फिर एक दिन उनकी पुत्री ने पलीता जलाया और बड़ी बहादुरी से उस साँड़ को नदी तक खदेड़कर आई। गाँववालों ने उसकी बहादुरी को तो न देखा, पर मर्दों जैसे काम करनेवाली दुस्सहासी कहकर कोसा। ऐसी शिकायतों पर मुखिया क्या प्रतिक्रिया व्यक्त करें, समझ नहीं आता था।

आज भी सावित्री की शिकायत आ गई।

''मुखियाजी! बिटिया ने अनर्थ कर डाला। मेले में पादरी का दिया बिस्कुट और उसके धर्म की किताब ले आई। सारा गाँव इकट्ठा हो गया है।''

मुखिया पाटील ने सिर पकड़ लिया। धर्म के नाम पर क्षेत्रीय मानसिकता

बड़ी ही संकीर्ण थी और लोगों का मुँह पकड़ना कठिन हो जाता था।

नेवसे पाटील परिवार पेशवाकाल से ही बड़ा शूरवीर, पेशवाभक्त और ईमानदार कुल माना जाता था। मासी समाज में सर्वश्रेष्ठ गिना जाने वाला यह कुल पेशवाई शासन में सेना में अग्रपंक्ति में देखा जाता था। कई युद्धों में इनके शौर्य ने पेशवाई शक्ति का परचम लहरा दिया था और पुरस्कार के हकदार बने थे। इसी क्रम में नायगाँव की मुखियागीरी इनके पूर्वजों को इनाम में मिली थी। खंगेजी के दादा आबाजी और उनके बाद पिता सिदुजी इस गाँव के मुखिया रहे थे और अब खंगेजी को यह सामाजिक दायित्व मिला था। गाँव की समस्या सुनना और उसका समाधान करना उनका काम था। गाँव के सम्मानित व्यक्ति थे। हर किसी के सुख-दुःख में शामिल होते थे। खेती-बाड़ी पूर्वजों ने ठीक-ठाक छोड़ी थी और वे खुद बहुत परिश्रमी थे तो आर्थिक स्थिति भी अच्छी थी। दान, दया और धर्म में सबसे आगे रहने वाले खंगेजी नेवसे पाटील के द्वार से आज तक कोई भी भिक्षुक खाली हाथ नहीं लौटा था। यही प्रवृत्ति उनकी पत्नी की भी थी। द्वार पर भिक्षुक आया नहीं कि जो काम कर रही होती उसे छोड़कर भिक्षा देने आतीं। नेवसे दंपती की सदाशयता की चर्चा गाँव से बाहर के क्षेत्रों में भी होती थी और क्षेत्र की बड़ी पंचायतों में मुखिया खंगेजी नेवसे पाटील को जरूर बुलाया जाता था।

खंगेजी नेवसे पाटील जानते थे कि उनकी बेटी की गलती हो या न हो, मगर लोग उन पर ऐसा दबाव बनाते थे कि उन्हें शर्मिंदा होना पड़े। यही क्षण था, जब सावित्रीबाई घर आ गई। उसका सतेज चेहरा रोष से भरा था।

"बिटिया! क्या बात है? इतने गुस्से में क्यों हो?" पाटील ने पूछा।

"बापू! ये गाँववाले खुद को क्या समझते हैं? धर्म-कर्म की बात करते हैं और धर्म-धर्म में भेद करते हैं। आज मेले में एक पादरी ने मुझे पुत्रीवत् स्नेह से बिस्कुट दे दिया तो सारे गाँव में शोर मच गया।"

"बेटी! तू जानती है कि पादरी लोग हमारे धर्म को हानि पहुँचाना चाहते हैं?"

"बापू! अपने धर्म को हानि हम खुद पहुँचाते हैं।"

"तेरी ऐसी बातें मेरी समझ में नहीं आतीं, मगर हमारे पंडा-पुजारी कहते हैं कि अपना धर्म ही श्रेष्ठ है। अपने ही धर्म के अनुसार जीना चाहिए। दूसरे धर्म से दूर रहना चाहिए। ईसाइयों ने देश में हिंदू धर्म को नष्ट करने का बीड़ा

उठा रखा है। तुम अभी छोटी हो, इसलिए उसने तुम्हें बरगला लिया।''

''बापू! मैं ऐसा नहीं समझती। उसने मुझे अपनी बेटी की तरह मानकर मुझे समझाया कि मैं कोई चीज रास्ते में न खाऊँ। मैं पकौड़ी-जलेबी खा रही थी। उसने कहा कि लड़कियों को इस तरह खुले में, बाजार में नहीं खाना चाहिए। यही बात माँ ने भी कही थी। मैंने जलेबी-पकौड़ी फेंक दी तो उसने बड़े प्रेम से मुझे बिस्कुट दिए।''

''वह ऐसे ही बरगलाते हैं, बिटिया! तुम समझती नहीं हो।''

''मैं नहीं समझती या ये गाँववाले नहीं समझते। सभी इनसान एक ही भगवान् के हैं। सबका भगवान् एक होता है। कथा-भागवत में सब यही कहते हैं, मगर बात जब समाज की आती है तो भेद आ जाता है। कालों का भगवान् अलग, गोरों का अलग। अगड़ों का अलग, पिछड़ों का अलग।''

''बिटिया! इस दुनिया में यही सब होता है। तेरे कहने से लोगों की सोच नहीं बदल जाएगी। तू कन्या है और कन्या को हमारे समाज में बड़ी मर्यादा में रहना पड़ता है। तू मेरी अच्छी बेटी है। अब चल, जो हो गया, सो हो गया। अब इन बिस्कुट और किताब को अलग फेंक और खाना खा ले।''

''बापू! दुनिया तो जैसी है, वैसी है, मगर आप भी यही कहेंगे।''

मुखिया पाटील मौन रह गए। वे कैसे अपनी बेटी को समझाते कि आज देश की सामाजिक दुर्दशा क्या है! धर्म के ठेकेदारों, ब्राह्मणों ने ऐसे-ऐसे नियम बना दिए हैं कि लोक-परलोक बचाना कठिन हो रहा है! जरा सी गलती समाज की नजरों में पाप-पुण्य का आधार बन जाती है! ब्राह्मणों और उनके स्थापित नियमों के विरुद्ध चलना घातक सिद्ध होता है। अगड़ों के वर्चस्व ने पिछड़ों की जो दुर्दशा की है, वह देखकर ही सामाजिक विषमता पर रोना आता है। ऐसे प्रतिकूल समय में यदि कोई दलित कन्या स्थापित नियमों को चुनौती दे तो समाज में उस पिता को बड़े ताने-उलाहने सहने पड़ते हैं।

यही हुआ। बात धर्माधिकारियों तक जा पहुँची थी, जो ऐसे ही अवसरों की तलाश में रहते थे। ऐसे ही अवसरों पर तो उनके बनाए नियम और ब्राह्मणवाद पुख्ता होते थे। लोगों को नाना कल्पित नरकों का भय दिलाया था। आदिपुरुष मनु न के ब्रह्मवाक्यों को पुष्ट किया जाता था। उस पर भी यदि नारी शूद्र हो तो धर्माधिकारियों को अपना कुटिल कौशल दिखाने का भरपूर अवसर मिलता था। पंचायत में जो भी खरी-खोटी सुनानी होती थी, वह तो सुनाई ही जाती

थी, साथ ही आर्थिक दंड भी लगाया जाता था। इसके साथ ही हिदायत दी जाती कि सब अपनी स्त्रियों और कन्यायों को वश में रखें, अन्यथा भयानक परिणाम भोगने को तैयार रहें।

खंगेजी नेवसे पाटील यद्यपि गाँव के सम्मानित मुखिया थे, परंतु इन धर्माचार्यों और ब्राह्मणों के सामने गौण और तुच्छ थे। जब वे पंचायत में पहुँचे तो धर्माचार्यों ने उन्हें बुरी तरह दुत्कारा, फटकारा, लज्जित किया और उनकी बेटी के अपवित्र हो जाने की बात कही। कहा कि उसके इस अनैतिक कर्म से उसकी आगामी साठ पीढ़ियाँ घोर नरक में यंत्रणा सहेगी। न चाहते हुए भी नेवसे पाटील को क्षमा-याचना करनी पड़ी।

''पूजनीय धर्माचार्य व ईशभक्त ब्रह्मावृंद!'' नेवसे पाटील ने अपराध भाव से कहा, ''मेरी अज्ञानी पुत्री ने जो अपराध किया है, उसके लिए मैं स्वयं को दोषी मानता हूँ और उसका जो भी दंड हो, मैं भुगतने को तैयार हूँ। भविष्य में मेरी पुत्री कोई ऐसा काम नहीं करेगी, जिससे धर्म की हानि हो या समाज का नियम खंडित हो, ऐसा मैं वचन देता हूँ। आप सभी विद्वान् हैं। बालक के अपराध को क्षमा करें।''

''तुम शूद्रों के मुखिया हो, पाटील!'' एक धर्माचार्य ने गरजकर कहा, ''इस घोर अपवित्र शूद्र समाज में यदि कोई ईश विरुद्ध कार्य करेगा तो उसके जिम्मेदार तुम माने जाओगे। तुम्हारी वाचाल, उच्छृंखल और दुस्साहसी पुत्री ने पूर्व में भी नियमों का उल्लंघन किया है। बालक त्रुटि करते हैं, परंतु वह पाप करती है। इससे पूर्व कि उसका कोई दुष्कृत्य तुम्हारे लोक-परलोक को बिगाड़ दे, उसका विवाह कर दो और अपने दायित्व से मुक्त हो जाओ। स्त्री को इतनी छूट देना अधर्म का कार्य है। शास्त्र कहते हैं कि यदि स्त्री के नाक न होती तो वह गोबर भी खा जाती। स्त्री इस संसार का वह श्राप है, जो उच्च पुरुषों के कुल को भी विनष्ट कर देता है। यदि उसे जरा सी भी स्वतंत्रता दी जाए। जिस प्रकार हम अपने पशुओं को रस्सी से बाँधकर रखते हैं और आवश्यकता पड़ने पर प्रताड़ना देते हैं, उसी प्रकार स्त्री को भी समझना चाहिए। मनु महाराज ने स्पष्ट कहा है कि 'न स्त्री स्वातंत्र्यम् इति', अर्थात् जिस वंश या कुल में स्त्री को स्वतंत्रता मिली, वह शीघ्र ही विनष्ट हो जाता हैं।''

धर्माचार्य की इस शास्त्रसम्मत वाणी और विवेचना का ब्राह्मणों ने भव्य करतल ध्वनि से स्वागत किया। नेवसे पाटील पर पचास रुपए का आर्थिक दंड

लगाया गया तथा भविष्य में ऐसी गलती पाए जाने पर सामाजिक बहिष्कार तक की धमकी दी गई। त्रिशूल, चिमटे लहरा-लहराकर वहाँ के शूद्र समाज को इतना भयभीत कर दिया कि लोग मन में सावित्रीबाई को कोस रहे थे और अकारण ही अपने घर की स्त्रियों को तुच्छ समझ रहे थे।

□

3

सावित्री के विवाह का विचार

खंडोजी नेवसे पाटील को आए दिन अपनी पुत्री सावित्रीबाई की शिकायतें मिलती रहती थीं, मगर उनका हृदय जानता था कि उनकी पुत्री की सभी शिकायतें वैचारिक दृष्टि से आधारहीन थीं। वास्तव में उस कन्या के हृदय में अपने समाज के प्रति वैचारिक आंदोलन पनप रहा था, जहाँ वर्ण-व्यवस्था ने दलितों को दीन-हीन कर दिया था। अगड़ों ने पिछड़ों को घोर उपेक्षित कर दिया था। नारी की दुर्दशा देखकर उसका हृदय यदि विद्रोही हो रहा था तो इसमें किसी की क्या गलती! नेवसे पाटील को यह आभास उसी दिन हो गया था, जब उसने मंदिर में पूजा करने का दुस्साहस किया था और डाँटने-फटकारने पर बड़े रोष में कहा था—

"बापू! उन पंडे-पुजारियों के लिए हमारा महत्त्व उनकी सोच के लाभ के अनुसार है। वह मंदिर में हमारे प्रवेश को लेकर अशुचिता का आरोप लगाकर अपनी थोपी शुचिता को सिद्ध करना चाहते है, जबकि हमारे हाथ की उगाई सब्जियाँ मुफ्त में खाने से उनकी शुचिता प्रभावित नहीं होती। हमारे गूँथे पुष्पहार वे भगवान् के गले में डालते हैं तो शुचिता पर जरा दाग नहीं लगता। यह मानव द्वारा मानव के अधिकारों का खुला हनन है और मैं यह सब स्वीकार नहीं कर सकती।"

यह उस कन्या के भीतर पनप रहे वैचारिक विद्रोह का संकेत था, जो एक पिता को तो गौरवान्वित करता था, परंतु समाज के जिम्मेदार मुखिया को भयभीत करता था। सावित्रीबाई का रोष समय के साथ आक्रोश में बदल जाना था, यह बात भी मुखिया को डरा रही थी। समाज में सवर्णों का जो दबदबा था, वह एक दलित कन्या के विरोधी स्वर पर हिंसक हो सकता था और विडंबना यह थी कि उसमें न्याय और दया का कोई स्थान न था। दलितों को दंडित करने में सवर्ण समाज साक्षात् यम का रूप धारण कर लेता था। खंडोजी इन सब बातों से चिंतित थे। वे अपनी पुत्री को समझाते रहते थे। उसे इस दुस्साहसी व्यवहार के दुष्परिणामों से भी

सचेत करते रहते थे, परंतु उसके तर्कों के सामने ठहर नहीं पाते थे।

आज सभा में धर्माचार्यों ने संकेत भी कर दिया था कि उसकी बेटी के दुस्साहस ने सामाजिक व्यवस्था की गहरी झील में कंकड़ फेंक दिया हैं और समाज के ठेकेदार इस बात को अधिक दिन डाँट-फटकार या आर्थिक दंड से ही सुलझाने का अब सब्र नहीं रखने वाले थे। दंड बढ़ सकता था। दंड उत्पीड़न बन सकता था, पाशविक हो सकता था। खंडोजी ने घर आकर अपनी पत्नी से इस विषय में बात की।

''सावित्री की माँ! हमारे लाड़-प्यार ने सावित्री को कुछ अधिक ही दुस्साहसी कर दिया है।'' खंडोजी चिंतित स्वर में बोले, ''उसने आज पादरी से बिस्कुट लेकर धर्माचार्यों के कोप को फिर से जगा दिया।''

''मैंने उसे बहुत समझाया जी, पर उस लड़की के दिमाग में तो कुछ और ही पनप रहा है। आपको कैसे बताऊँ कि वह हर बात पर कैसा उत्तर देती है। शांत मन से सोचा जाए तो उसकी बात गलत भी नहीं है। मैं उसकी माँ हूँ। माता-पिता अपनी संतान को गलत होने पर डाँटें-फटकारें तो उचित लगता है, पर जो बात हमें भी सही लगे और हम बच्ची को उसे गलत कहें तो मन कैसे मान जाएगा।''

''यही बात तो है सावित्री की माँ कि मैं उससे कुछ नहीं कह पाता। उसकी हर बात में सत्य की झलक है। वह सामाजिक व्यवस्था से जन्मजात रुष्ट कन्या है। ईश्वर ने उसे ऐसी वैचारिक क्षमता प्रदान की है, जो उसके लिए उपहार कम अभिशाप अधिक सिद्ध हो सकती है, फिर भी उसे समझाना तो होगा। वह इस व्यवस्था के विरुद्ध केवल व्यक्तिगत विचारों का व्यवहार भर कर सकती है और उसका भी ईश्वर न करे, जाने कैसा दंड भोगना पड़ सकता है। वह कुछ परिवर्तन तो नहीं कर सकती। ऐसी न सामर्थ्य है और न परिपक्वता। सवर्ण समाज की दानवी शक्ति उस दलित कन्या को जीवित नर्क में धकेल देगी और उसका पिता उसकी सहायता करने में अक्षम होगा।''

''यह कैसी व्यवस्था है! सत्य कहो, सत्य बोलो का नारा देने वाले इतने निष्ठुर और अमानवीय विचारों के हैं?''

''तुम नहीं देखती कि धर्म का झूठा आडंबर कितना बढ़ गया है। देवी-देवताओं के नाम पर ब्राह्मणों ने कैसे-कैसे पाखंड चला रखे हैं। तुमने आज तक सूखी, कृश और दुबली काया वाला कोई ब्राह्मण देखा है। सब गोल-मटोल तोंद वाले हैं और इनकी तोंद में ही आडंबरों की कमाई छुपी होती है। इनके लिए धर्म-कर्म की बात भर करना श्रेष्ट है। व्यवहार में इनसे अधिक अधार्मिक और कौन होगा?''

"यही बातें हमारी बेटी कहती है जी। तुम्हारे ऐसे विचार ही उसमें जन्मजात आ घुसे हैं। तुमने उन्हें दबाए रखा, पर वह नहीं दबा पा रही है। मैंने आज उससे फिर बात की कि उसने पादरी से बिस्कुट और किताब क्यों ली तो उसका जवाब सुनकर मुझे चक्कर सा आ गया।"

"क्या जवाब दिया उसने?"

"उसने कहा कि सवर्ण जमींदारों, बनियों के बच्चे मिशनरी के स्कूलों में पढ़ने जाते हैं और उनकी प्रार्थना बोलते हैं, तब कोई धर्माचार्य कुछ क्यों नहीं कहता? जो किताब वह पढ़ भी नहीं सकती, वह उन बच्चों को पढ़ाई जाती है, तब किसी को धर्म की हानि होती नही दिखती?"

"कहती तो वह ठीक, है भागवान!" खंडोजी का चेहरा पुलकित हुआ, "यह भेदभाव तो धर्माचार्य कर रहे हैं। मैंने खुद सवर्णों के बच्चों को मिशनरी स्कूलों में जाते देखा है, जहाँ वे सब यही करते हैं, जो सावित्री बता रही है।"

"फिर आप ही कहें कि कैसे उस लड़की को समझाएँ।"

"सावित्री की माँ! जाति-व्यवस्था का यह जहरीला दंश मैंने भी सहा है और बहुत रोष मेरे मन में भी रहा है। सवर्णों के अत्याचारों ने मुझे भी पीड़ित किया है। कई बार मेरा मन भी विद्रोही हो जाता था, परंतु जब सामर्थ्य न हो तो रोष को दबा लेना ही उचित होता है। इस जालिम व्यवस्था से लड़ना संकटों को बुलावा देना है। खुद को और अपने परिवार को दमन के हवाले कर देना है।"

"आपने यह बात समझ ली जी, पर हमारी बेटी तो नहीं समझ रही है।"

"अब उसका विवाह कर देना ही उचित होगा। यही एकमात्र विकल्प है। जब घर-गृहस्थी का बोझ पड़ेगा तो सब समझ आ जाएगी। माता-पिता के घर जो स्वतंत्रता है, वह पति के घर नहीं होती।" खंडोजी ने कहा।

"यह तो मैं भी सोच रही थी जी! अब उसकी आयु भी हो चली है। वैसे भी जमाना खराब है और उसके दुश्मन बढ़ते जा रहे हैं। चारों ओर भेड़िये ही घूमते हैं। मेरी बेटी पर जाने किसकी कुदृष्टि पड़ जाए।"

"मैं उसके योग्य कोई वर तलाशता हूँ। सभी रिश्तेदारियों में बात चलाता हूँ। कहीं-न-कहीं अच्छा लड़का मिल ही जाएगा।"

"यही अच्छा रहेगा। बेटी पराया धन होती है। अपने घर चली जाएगी तो हम चिंतामुक्त हो जाएँगे। अभी बच्चे छोटे-छोटे हैं। किसी से पुत्रीमोह में दुश्मनी पालना ठीक न होगा। आप जल्दी ही कोई लड़का खोजिए।"

"मैं कल से ही खोजबीन शुरू कर दूँगा। मेरी बेटी के योग्य वर तो मिल

जाएगा, सभी रिश्तेदार जानते हैं कि मेरी बेटी कितनी होशियार है। सुंदर है और निपुण भी। देख लेना, जिससे भी कहूँगा, वही अपना लड़का देने को अपना भाग्य समझेगा। मैं भी अपनी इकलौती बेटी का ब्याह बड़ी धूमधाम से करूँगा।''

''अब आप स्नान कर लीजिए और भोजन कीजिए। शाम होने को आई।''

''बिटिया ने कुछ खाया?''

''वह ऐसी कहाँ कि खाना छोड़े। कहती है कि भोजन का अनशन अपने आपको कष्ट देना है और कष्ट तो वैसे ही बहुत हैं। भोजन शरीर की जरूरत है। शरीर स्वस्थ रहेगा तभी तो कुछ काम करेगा।''

''उसकी एक-एक बात में सार है। अगर किसी सवर्ण के घर जन्मी होती तो लोग उसकी विद्वत्ता की पूजा करते।'' खंडोजी भाव-विभोर होकर बोले, ''दलित की बेटी है। कितनी भी विद्वान् हो, कौन उसे मान-महत्त्व देगा। बामनों की तो भृकुटि ही तन जाती है, पर कभी तो यह व्यवस्था बदलेगी। सदा दिन एक जैसे नहीं रहते।''

''जाने कब ऐसा दिन आएगा, जब दलित का जीवन इस नर्क की दलदल से निकलेगा।''

''भगवान् पर भरोसा रखो। वह सबकी सुनता है।''

''अभी तो उनकी ही सुन रहा है, जो उसके नाम पर लोगों को डराते-धमकाते हैं।''

''अभी सुन ही रहा है, एक दिन न्याय करेगा, सावित्री की माँ! पाखंड और आडंबर ज्यादा दिन नहीं चलते। भांडा जरूर फूटता है।'' खंडोजी ने कहा और स्नान को चल दिए।

□

4

जन-जागरण के प्रयास

इस समय भारत के अधिकांश क्षेत्रों में कंपनी सरकार का शासन स्थापित हो गया था, यद्यपि अभी तक सतारा रियासत स्वतंत्र थी। सामाजिक अधिकारों और न्याय व्यवस्था के लिए विश्व भर में प्रसिद्ध अंग्रेजी शासन ने भारत में भी अपनी स्वीकार्यता बढ़ाने के लिए कुछ सुधार कार्यक्रम चलाए थे। लॉर्ड विलियम बैंटिक भारत का पहला गवर्नर जनरल था, जो सन् 1828 में बंगाल का गवर्नर बना। इस समय तक मराठवाड़े में अंग्रेजी शासन की इतनी पकड़ नहीं थी और ऐसे तरीके खोजे और सोचे जा रहे थे, जिससे कम संघर्ष से ही अंग्रेजी साम्राज्य का विस्तार हो सके।

लॉर्ड बैंटिक ने सामाजिक सुधारों की दिशा में काम करके भारतीयों के मन में अंग्रेजी राज के प्रति विश्वास जगाने का काम किया। उससे पहले किसी भी अंग्रेज प्रशासक ने भारत की सामाजिक कुव्यवस्था में कोई सुधार करने का प्रयास नहीं किया था। बैंटिक ने भारत में जो सबसे क्रूर कुप्रथा देखी, वह थी सती-प्रथा, जिसमें जीवित स्त्री को आग में जलाने का निंदनीय कार्य बड़े ही मनोयोग से किया जाता था। बैंटिक को बंगाल में इस प्रथा के जो आँकड़े प्राप्त हुए, उसने उसका हृदय दहला दिया। सन् 1815 से 1825 तक एक दशक में अकेले बंगाल में इस कुप्रथा ने 3,531 जीवित स्त्रियों को लील लिया था।

सन् 1823 में महाराष्ट्र के पुणे में सती-प्रथा का एक ऐसा वीभत्स मामला सामने आया, जिससे कठोर अंग्रेजों का हृदय भी प्रकंपित हो गया। पुणे में एक कोंकणस्थ ब्राह्मणी राधाबाई भट्ट के पति की मृत्यु हो गई थी और सामाजिक नियम के अनुसार उसे सती किया जाना था। उसे सती होना था या नहीं होना था, यह प्रश्न उससे पूछा भी न गया था। उसकी अपनी कोई इच्छा नहीं थी। उसकी नियति यही थी। विद्वान् ब्राह्मणों ने उस जीवित स्त्री को मोक्ष देने के बहाने से उसे

कुछ ऐसे मोदक एवं पदार्थ खिलाए कि वह भावशून्य हो गई, फिर 27 सितंबर, 1823 को उसकी चिता ओंकारेश्वर के पास सजा दी गई। वेद-मंत्रों का उच्चारण हो रहा था। एक स्त्री को जिंदा जलाने के लिए अनेक स्त्रियाँ मंगलगीत गा रही थीं। मेले जैसा माहौल था। विधवा को चिता पर बिठाकर मुख्य धर्माचार्य ने अग्नि का आह्वान करने वाले मंत्र पढ़े और जलती मशाल से चिता में अग्नि लगा दी। घी, तेल, काष्ठ आदि ज्वलनशील चीजों से बनी चिता क्षण भर में जल उठी और लपटें आकाश को छूने लगीं।

धर्माचार्य जानते थे कि विधवा कुछ ही देर में बाहर कूदेगी तो उन्होंने संकेत करके लाठीधारी प्रहरी चिता के चारों ओर तैनात कर दिए। जैसे ही जलने वाली को अग्निदाह की असह्यता महसूस हुई तो वह चिता से बाहर कूद पड़ी। लाठीधारी उसे पाशविक तरीके से वापस चिता में धकेलने लगे। होलिका सी जलती, करुण पुकार करती, गाय सी डकराती उस स्त्री पर किसी भी धर्माचार्य को दया नहीं आ रही थी।

ठीक इसी समय पुणे में तैनात अंग्रेज प्रतिनिधि कैप्टन रॉबर्टसन अपने सिपाहियों के साथ वहाँ पहुँच गया और बलपूर्वक उस पापड़ सी भुनी अबला को अपने साथ ले गया। धर्माचार्यों ने घोर रुष्ट होकर अंग्रेजों के उस हस्तक्षेप को अपनी धार्मिक मान्यताओं का हनन बताया और धरने-प्रदर्शन किए। राधाबाई भट्ट तीन दिन बाद उस असहनीय पीड़ा से मुक्त होकर संसार से मुक्ति पा गई।

कैप्टन रॉबर्टसन के खिलाफ नारेबाजी होने लगी। नासिक, पैठण, पुणे आदि शहरों में धर्मसभाएँ होने लगीं और अंग्रेजों के इस 'अनर्गल' कहे गए हस्तक्षेप को रोकने के लिए एक प्रतिनिधि लंदन भेजने का निर्णय लिया गया। यद्यपि वहाँ जाकर प्रतिनिधि को फटकार ही मिली और इससे कैप्टन रॉबर्टसन को बल मिला। उसने धर्माचार्यों को सख्त चेतावनी दी कि अब यदि किसी को सती के नाम पर जलाया गया तो उसे हत्या की श्रेणी में रखा जाएगा और जिम्मेदारों के विरुद्ध कठोर काररवाई की जाएगी। इस प्रकार का आदेश कंपनी सरकार ने सारे देश में लागू किया था, मगर धर्म के नाम पर, प्रथाओं के नाम पर, परंपराओं के नाम पर लोगों को बहकाकर रखने वाले समाज के ठेकेदार इस आदेश से सती-प्रथा को बंद करने के लिए तैयार न थे। अब चालाकी और गुप्त रूप से काम होने लगे और बेचारी विधवाएँ जीवित ही आग में झोंकी जाती रहीं।

गवर्नर जनरल विलियम बैंटिक ने इस कुप्रथा की भयावहता को समझा और सन् 1929 में 'सती-प्रथा अधिनियम' जारी करके समूचे देश में इस पर पूर्ण प्रतिबंध लगा दिया। इसे गहन अपराध की श्रेणी में रखा गया, फिर भी धर्माचार्यों ने अपनी

परंपरा को नहीं तोड़ा, सतारा जैसी स्वतंत्र रियासतों में यह कानून उतना प्रभावी नहीं हो सका। विधवा और शूद्रों की दयनीय दशा में कोई बदलाव नहीं आया। ऐसा नहीं था कि भारतीय धर्मसुधारक इन कुप्रथाओं के प्रति उदासीन न थे। बहुत से विद्वान् चिंतक और धर्मसुधारक संस्थाएँ भारतीयों में जनजागरण के सघन प्रयास कर रहे थे। वास्तव में जब तक आडंबरों और पाखंडों का विध्वंस न होता, तब तक धर्म के धंधेबाजों पर लगाम नहीं लगनी थी। सबसे बड़ी बात यह थी कि यह सवर्णों और ब्राह्मणों का रचा हुआ कुचक्र था और इसे तोड़ने के लिए किसी ऐसे चिंतक की आवश्यकता थी, जो सवर्ण और ब्राह्मण भी हो तो और भी अच्छा था।

यह कार्य राजा राममोहन राय ने किया। वे ब्राह्मण भी थे और विद्वान् भी। उन्होंने समाज में व्याप्त कुप्रथाओं पर गहरा चिंतन किया और फिर धर्म-धुरंधरों के विरुद्ध वैचारिक आंदोलन छेड़ दिया। सती-प्रथा, मूर्ति-पूजा, बाल-विवाह, बहु-विवाह, जाति-भेद आदि जैसी कुप्रथाओं के विरुद्ध उन्होंने बड़े ही सघन प्रयास किए। 'संवाद-कौमुदी' और 'मिरात-उल-अखबार' के माध्यम से वे लोगों में जनचेतना जगाने का प्रयास करते रहे। वे खुद गवर्नर जनरल बैंटिक से मिले और अपनी बात रखी। उन्हीं के प्रयासों का परिणाम था कि 4 दिसंबर, 1829 को सती-प्रथा पर कानूनी रोक लगाई गई। राजा राममोहन राय को स्वजातीय विद्वान् ब्राह्मणों का घोर विरोध सहना पड़ा, परंतु वे निर्भीक होकर अपने कार्य में लगे रहे। उन्होंने 'ब्रह्मसमाज' की स्थापना करके कुप्रथाओं पर कुठाराघात किया, परंतु असमय ही उस महापुरुष की मृत्यु हो गई।

राजा राममोहन राय को भारत में नवजागरण का अग्रदूत माना जाता है। उन्होंने ऐसे समय में उन कुप्रथाओं पर वैचारिक प्रहार किए, जब चारों ओर से अज्ञान, अशिक्षा, आडंबरों और अंधविश्वासों ने भारतीय समाज को घेर रखा था। वे जानते थे कि ब्राह्मणवाद ने भारत को जिन कल्पित मान्यताओं के मजबूत घेरे में बंद कर दिया है, उससे उसे निकालना दुष्कर कार्य था। कपोल-कल्पित नरकों का भय साधारण जनता को इस घेरे की रेखा पर पैर रख देने से भी भयभीत करता था। ब्राह्मण की अवज्ञा घोरतम अपराध या पाप कहकर लोगों के दिमागों में भर दी गई थी। ऐसे में राजा राममोहन राय का धर्मसुधार आंदोलन एक प्रकार से ब्राह्मणवाद को चुनौती थी, जिसका सामना उन्होंने डटकर किया। ईश्वर और धर्म के विषय में धर्म-मार्तंडों ने जो निज लाभ के स्वर्ग-नरक गढ़ लिए थे, वे जनसाधारण में गहरे तक बैठ गए थे। सन् 1833 में राजा राममोहन राय की मृत्यु होने के बाद धर्म-सुधारों की दिशा में उदासीनता आ गई। इस तरह के पुनः प्रयास दशकों बाद महात्मा

ज्योतिबा फुले और स्वामी दयानंद सरस्वती द्वारा आरंभ हुए।

नारी और दलितों की दशा दोनों ही एक जैसी थी। उन्हें शिक्षा, स्वतंत्रता आदि के कैसे भी अधिकार नहीं थे। इसी का लाभ मिशनरीज को मिल रहा था। समाज में उपेक्षित, पीड़ित दलित, ईसाई धर्म में जाने लगे थे। धर्मांतरण की प्रक्रिया में तेजी आ रही थी और धर्माधिकारी जानकर भी मौन थे। हाय-तौबा तो बहुत करते, परंतु आगे बढ़कर लोगों की चेतना जगाने का, अपने कुचक्रों को हटाने का कोई प्रयास करते नहीं दिखते थे।

ऐसे में केवल शिक्षा ही वह माध्यम था, जिससे जनचेतना को जाग्रत् किया जा सकता था। सवर्ण और ब्राह्मण तो निश्चिंत थे, क्योंकि उनके पास तो दलित दासों का पूरा समाज था, जो उनके लिए परिश्रम करके धनधान्य उत्पन्न करते रहने वाले थे, परंतु दलित क्या करते! क्या वह अपनी आने वाली पीढ़ियों को भी इसी अंधकूप में छोड़कर जाते? यह बात ज्योतिबा फुले ने महसूस की, जो स्वयं एक दलित परिवार से थे। उन्होंने जान लिया कि जब तक दलित को शिक्षा, ज्ञान और अधिकारों के प्रति सजग नहीं किया जाएगा, तब तक ब्राह्मणवाद के धार्मिक बंधन और सवर्णों के अनुचित अत्याचारों से मुक्ति मिलना संभव नहीं है। ज्योतिबा फुले ने दलित उत्थान के लिए आवाज उठाई, जो आगे चलकर नारी-जागरण की प्रणेता सावित्रीबाई की आवाज से एकाकार हो गई।

□

5

ज्योतिबा की शिक्षा में अवरोध

ज्योतिबा फुले का जन्म पुणे के धनकवाड़ी नाम के गाँव में सन् 1827 में हुआ था। उनके नाना धनकवाड़ी के पाटील थे। नाना के दो पुत्रियाँ ही थीं—एक चिमणाबाई और दूसरी धोंडाबाई। चिमणाबाई का विवाह गोविंदराव फुले से हुआ और ज्योतिबा इन्हीं के पुत्र थे। धोंडाबाई का विवाह हडपसर के पाटील लीलाधर से हुआ था। धोंडाबाई ने एक पुत्री को जन्म दिया। दुर्भाग्य से लीलाधर की मृत्यु हो गई और जब धोंडाबाई का वैधव्य ससुरालवालों को काटने लगा तो वह अपनी बेटी को लेकर पिता के घर धनकवाड़ी आ गई। यहीं उनकी भी मृत्यु हुई। उनकी पुत्री सगुणाबाई का विवाह उसके नाना और मौसा गोविंदराव ने किया, परंतु दुर्भाग्य ने उसे भी माता की तरह असमय ही वैधव्य के कठोरतम दिन दिखाए और उसे पुन: अपने मौसा के यहाँ आश्रय लेना पड़ा। मौसा-मौसी ने सगुणाबाई का ध्यान अपनी औलाद की तरह रखा।

मौसी चिमणाबाई अब तक दो पुत्रों की माँ बन चुकी थीं, जिनमें से एक तो आठ माह की आयु में ही मर गया था। दूसरा पुत्र राजाराम था। इसके बाद चिमणाबाई ने तीसरे पुत्र को जन्म दिया, जिसका नाम 'ज्योतिबा' रखा गया। अभी ज्योतिबा नौ महीने का ही था कि उसकी माता चल बसी। अबोध शिशु की देख-रेख और लालन-पालन कौन करे, यह सोचकर गोविंदराव फुले चिंतित थे। ऐसे समय में सगुणाबाई, जो रिश्ते में ज्योतिबा की मौसेरी बहन थी ने अपने पिता समान मौसा की समस्या हल कर दी। उसने ज्योतिबा के लालन-पालन की जिम्मेदारी ले ली। गोविंदराव फुले अब धनकवाड़ी के मुखिया थे। अत: उस व्यस्तता में सगुणाबाई का यह आश्वासन दैवीय वरदान जैसा था। घर में किसी चीज की कमी नहीं थी। आर्थिक स्थिति बहुत अच्छी थी। फूलों की खेती से अच्छी आमदनी हो जाती थी। उनके गोत्र का नाम 'फुले' भी इसी कारण पड़ा लगता था। सगुणाबाई ने राजाराम

और अबोध ज्योतिबा की देखभाल माँ बनकर की।

सगुणाबाई ने जीवन में बहुत कटु अनुभव पाए थे और यही कारण था कि हृदय में विचारों की उथल-पुथल रहती थी। अपने नाना, माता और बाद में मौसी के सान्निध्य में उसने जो श्रुति-संस्कार प्राप्त किए थे, वे उसके विचारों को नित नई दिशा प्रदान करते थे। रामायण, महाभारत के प्रेरक चरित्रों की कथाएँ उसने बड़े मनोयोग से सुनी थीं। सौभाग्य से नाना के घर कुछ ग्रंथ भी उपलब्ध थे, परंतु दुर्भाग्य से वह पढ़ना नहीं जानती थी और यह कसक उसे हमेशा रहती थी। बच्चे बड़े हो चले थे और उधर सगुणाबाई पर समाज के ठेकेदारों की कुदृष्टि लग गई। एक विधवा को इस प्रकार प्रसन्नचित्त देखकर उनकी भृकुटि तन गई थी।

कुटिलों ने सगुणाबाई को बेसहारा करने के लिए गोविंदराव पर तो दबाव बनाया ही, साथ ही उसके ससुराल वालों को भी भड़काया। सगुणाबाई पर सामाजिक बहिष्कार का संकट आ मंडराया। गोविंदराव मुखिया होते हुए भी अपनी हितैषी पुत्री की सहायता न कर पा रहे थे। समाज के ठेकेदारों का दल उनकी एक न सुनता था। अंततः उन्हें एक रास्ता सूझा। गोविंदराव के एक ईसाई मित्र मिस्टर जॉन थे, जिन्हें अपने बच्चे की देखभाल करने के लिए निपुण आया की आवश्यकता थी। सगुणाबाई इस कार्य में दक्ष थी। यदि वह मिस्टर जॉन के यहाँ नौकरी कर लेती तो समाज के ठेकेदार उसकी ओर तिरछी दृष्टि भी नहीं कर सकते थे। मिस्टर जॉन पादरी थे और राजकीय संरक्षण में थे।

गोविंदराव फुले ने मिस्टर जॉन को अपनी समस्या से अवगत कराते हुए उनसे सहायता का अनुरोध किया। बात बन गई और सगुणाबाई सुरक्षित हो गई। ज्योतिबा अभी छोटे थे तो उन्हें भी सगुणाबाई के साथ ही भेजना पड़ा। सगुणाबाई ने ज्योतिबा की सही ढंग से परवरिश की और उनकी आयु पाँच वर्ष की होते ही उनकी शिक्षा की व्यवस्था कर दी। सन् 1832 में विनायक राव जोशी नाम के विद्वान् शिक्षक ने ज्योतिबा को प्राथमिक शिक्षा देना आरंभ किया। ज्योतिबा की ग्राह्य क्षमता अद्भुत थी। पहले ही वर्ष में ज्योतिबा ने अपने शिक्षक को प्रभावित किया और जोशीजी ने उस कुशाग्र बुद्धि विद्यार्थी को स्कॉटिश मिशन स्कूल में पढ़ाने की राय दी।

सगुणाबाई ने ज्योतिबा की पढ़ाई के प्रति ललक देखी तो मिस्टर जॉन की सहायता से उसे स्कॉटिश मिशन स्कूल में प्रवेश दिला दिया। नौ वर्ष का होते-होते ज्योतिबा ने दिखा दिया कि उसके अंदर एक नैसर्गिक प्रतिभा है, जो हजारों में एक बच्चे में पाई जाती है। इस आयु तक वे इतने विचारशील और प्रतिभावान हो गए कि स्कूल के अध्यापक भी आश्चर्य करने लगे। ज्योतिबा की प्रशंसा धनकवाड़ी

तक पहुँची तो सवर्णों की भृकुटि तन गई। एक दलित का बेटा शिक्षा के मामले में प्रशंसित हो तो इससे अगड़ों की नाक कटती प्रतीत होती थी। ब्राह्मणदेव रुष्ट हो गए। जिस दलित को शिक्षा का अधिकार ही नहीं था, वह इतना ज्ञानवीर हो गया कि उसकी प्रशंसा हो रही थी। तत्काल कुछ करना था। कुटिल दल ने एकजुट होकर गोविंदराव फुले पर परंपरा तोड़ने का आरोप लगाया कि उन्होंने मिशनरी स्कूल में अपने बेटे को पढ़ाकर संस्कृति पर हमला किया है, जिसका दंड सामाजिक बहिष्कार था। गोविंदराव घबरा उठे। समाज के गण्यमान्यों, धर्माचार्यों के विरुद्ध जाना उनके वश में नहीं था। सामाजिक बहिष्कार मृत्यु के समान था, अतः सन् 1836 में गोविंदराव ने ज्योतिबा को स्कूल से निकालकर अपने साथ खेती के काम में लगा दिया। कुटिल सवर्ण प्रसन्न हुए और सगुणाबाई बहुत दुखी हुईं।

सगुणाबाई के दुःख का पारावार नहीं था। एक तो उनके वे सपने चूर-चूर हो गए थे, जो उन्होंने ज्योतिबा की शिक्षा को लेकर देखे थे। वह चाहती थी कि ज्योतिबा अंग्रेजी शिक्षा प्राप्त करके दलितों के लिए शिक्षा के मार्ग को प्रशस्त करे। वह पढ़ने में बहुत मेधावी और कुशाग्र बुद्धि था। ऐसे बच्चे की शिक्षा बाधित होना निश्चय ही एक बड़ा झटका था। दूसरे बचपन से ही ज्योतिबा उसकी गोद में खेला था और उसने ज्योतिबा को पुत्रवत् स्नेह किया था। उससे दूर होना सगुणाबाई की ममता के लिए बड़े ही पीड़ा भरे क्षण थे। सगुणाबाई उदास रहने लगी थीं। एक दिन मिस्टर जॉन ने उनसे उनकी उदासी का कारण पूछ लिया।

''फादर!'' सगुणाबाई ने उदास स्वर में कहा, ''जबसे ज्योतिबा गया है, तब से मेरा मन किसी काम में नहीं लगता। मेरे मौसाजी ने समाज के दबाव में आकर उस मेधावी विद्यार्थी की शिक्षा बीच में बंद करा दी।''

''यह फुलेजी ने बिल्कुल ठीक नहीं किया। ऐसे बच्चे की शिक्षा बाधित करना नैतिक ही नहीं कानूनन अपराध है।'' मिस्टर जॉन ने कहा, ''समाज का क्या है और इंडिया में समाज है कहाँ? यहाँ तो जंगल की तरह नियम हैं। अगड़ों ने पिछड़ों को, ब्राह्मणों ने सबको अपने-अपने तरीके से डरा-दबा रखा है। पिछड़ों को तो किसी भी तरह उबरने नहीं दिया जाता। फुलेजी को तो गर्व होना चाहिए था कि उनका बेटा इन बेड़ियों को तोड़ने का ज्ञान रखता है।''

''उन्हें सामाजिक बहिष्कार की धमकी मिली है, फादर! हमारे देश में काला पानी और सामाजिक बहिष्कार एक ही माने जाते हैं।''

''यह स्थापित भय हैं। इनसे बाहर निकलना होगा। अच्छे कार्य त्याग चाहते हैं। बड़े लक्ष्य परीक्षा लेते हैं। यदि एक पिता अपने पुत्र के उज्ज्वल भविष्य के

लिए समाज का सामना नहीं कर सकता तो उसका पिता होना किस काम का?"

"मौसाजी इस बात को नहीं समझते।"

"किसने समझाया उन्हें? आपने समझाया?"

"नहीं, मेरा इतना साहस नहीं।"

"हम समझाएँगे। हम उनके मित्र मुंशी गफ्फार बेन को साथ ले जाएँगे। उनसे भी बात न बनी तो लिजिट साहब को ले जाएँगे। लिजिट साहब की बात टालने का साहस फुले जी नहीं कर सकते।" मिस्टर जॉन ने दृढता से कहा।

सगुणाबाई को आशा की किरण नजर आई, परंतु उन दिनों मुंशी गफ्फार बेन किसी कार्य से बंबई गए हुए थे। सगुणाबाई की आशा निराशा में बदलने लगी थी। ज्योतिबा की याद और भी सताने लगी थी। अत: वह ममता से विवश होकर एक दिन धनकवाड़ी आ गई। यहाँ ज्योतिबा पूरी तरह किसान बन गए थे। पूरे मनोयोग से खेतों में काम करते थे। सगुणाबाई की आँखों में आँसू आ गए। एक योग्य विद्यार्थी का ऐसा हाल देखकर उस ममतामयी चिंतनशील नारी को अपार कष्ट हुआ था।

□

6

सामाजिक परिवर्तन की आहट

गोविंदराव फुले ने बड़े स्नेह से अपनी धर्मपुत्री सगुणाबाई का स्वागत किया और उसका हाल-चाल पूछा। सगुणाबाई ने इसे अच्छा अवसर जाना और मौसा से अपने मन की बात कह डाली।

''मौसाजी! आप मेरे पिता समान हैं। विपत्ति के समय आपने मुझ अभागी को आश्रय दिया। आपके उपकार का यह ऋण तो मैं नहीं चुका सकती।'' सगुणाबाई ने गंभीर स्वर में कहा, ''परंतु एक उचित परामर्श मैं आपको अवश्य देना चाहती हूँ। भले ही यह छोटा मुँह, बड़ी बात है, परंतु मैं अपनी ममता और इस घर के उपकार नहीं भूल सकती। अतः कहे बिना नहीं रहूँगी। मौसाजी, ज्योतिबा जैसे छात्र सदियों में एक बार जन्म लेते हैं। यह तो हम पर ईश्वर की कृपा है कि ज्योतिबा जैसा मेधावी बालक हमारे घर में पैदा हुआ। यह दुनिया के समूचे दलित समाज की आशा बनने की क्षमता रखता है, मौसाजी! आज हमने इस चिनगारी को दबा दिया तो यह दलित समाज के साथ अन्याय समझिए।''

''बेटी सगुणा।'' गोविंदराव ने गंभीर स्वर में कहा, ''ज्योतिबा की प्रतिभा, ज्ञान और वैचारिक क्षमता देखकर मेरा हृदय गर्व से भर उठता है। मेरा भी दिल चाहता है कि वह खूब पढ़े और समाज का नाम रोशन करे, मगर केवल सोचने से क्या होता है। समाज के बंधन भी देखने पड़ते हैं। सवर्णों के खिलाफ जाकर सामाजिक बहिष्कार का अपमान सहना अपने बच्चों को गहरे कुएँ में धकेलने जैसा है। कुछ हाथ नहीं आएगा बेटी! न ज्योतिबा हमारे सपने पूरे कर सकेगा और न हम शांति से रह सकेंगे। यह समाज और इसके ठेकेदार हमारे परिवार को अपने क्रोध की अग्नि में भस्म कर देंगे।''

''समाज के ठेकेदार तो हमें जानवर समझते हैं, मौसाजी! वे कभी नहीं चाहते कि दलित कभी भी आगे बढ़ें। अवसर मिलने पर भी आगे न बढ़ने वाले कायर

होते हैं, मौसाजी! जिस कौम में अपनी कौम को आगे बढ़ाने का जज्बा न हो, वह कौम हमेशा दासता की बेड़ियों में जकड़ी रहती है।''

''मैं तुम्हारी हर बात से सहमत हूँ बेटी, पर मैं विवश हूँ। अपने इस छोटे से परिवार को कौम के नाम पर बलिदान नहीं कर सकता। पत्थरों से मेरे घर का आँगन भर जाएगा। लाठियों के प्रहारों से मेरे बच्चे लहूलुहान कर दिए जाएँगे। भगवान् भी हमारी सहायता को नहीं आएगा। इसलिए इस बात को यहीं खत्म करो और भगवान् से दुआ करो कि हमारा ज्योतिबा अपनी गृहस्थी बसाकर सुख-चैन से रहे।''

सगुणाबाई का दिल मुरझा गया। दलित समाज पर व्यवस्था का ऐसा ही भय व्याप्त था कि अब खुद भगवान् भी उतर आते तो भी इस समाज का कोई भला नहीं होने वाला था। भगवान् भी उन्हीं की सहायता करता है, जो अपनी सहायता खुद करना चाहते हैं।

सगुणाबाई समझ गई कि अब ज्योतिबा के भाग्य में वही फूलों की खेती लिखी है। सत्य यह है कि कुछ व्यक्ति महानतम गुणों के साथ जन्म लेते हैं और उन गुणों की झलक कुछ लोगों को दिख भी जाती है, पर गुणों के विकास के लिए अनुकूल स्थिति, उचित शिक्षा और आवश्यक पथ-प्रदर्शन न मिले तो वह दबे रह जाते हैं। ज्योतिबा के साथ भी ऐसा ही हो रहा था। सगुणाबाई ही नहीं, ज्योतिबा के पिता सहित कई लोग ज्योतिबा के गुणों की झलक देख चुके थे, मगर समाज ने जो भयपूर्ण वातावरण बनाकर रख छोड़ा था, वह उन गुणों के विकास में बड़ी बाधा थे। भाग्य ने कैसा खेल खेला था!

सन् 1840 का आरंभ हुआ ही था कि गोविंदराव फुले ने बड़े बेटे राजाराम का विवाह कर दिया और अब ज्योतिबा के विवाह की चिंता में थे। ज्योतिबा बड़े ही गंभीर स्वभाव के अति परिश्रमी युवक थे। उनके नेत्रों में एक ऐसा आकर्षण था कि सामने वाले उनसे आँखें मिलाने से भी घबराते थे। कई बार कुछ अवसरों पर उनका वैचारिक रोष सामने आ चुका था। एक विचित्र सी नेतृत्व क्षमता उनमें थी और यही कारण था कि उनके मित्रों में सवर्ण ब्राह्मण भी थे।

गोविंदराव फुले गाँव के मुखिया थे और गाँव के छोटे-मोटे झगड़े उन्हें ही सुलझाने पड़ते थे। ऐसे अवसर पर ज्योतिबा की उपस्थिति हो तो निर्णय में चार चाँद लग जाते थे। ज्योतिबा का नया दृष्टिकोण झगड़े के कारणों को बारीकी से खोजता और उनका ऐसा समाधान करता कि भविष्य में झगड़े की संभावना नहीं रह जाती। ज्योतिबा का न्याय सर्वमान्य होता, अद्भुत और प्रशंसनीय होता।

ज्योतिबा की ख्याति फैल रही थी। आसपास के गाँवों से लोग उससे कई

विषयों पर परामर्श लेने आते थे। ऐसे में कुछ अच्छे रिश्ते भी आए थे। गोविंदराव अपने पुत्र के लिए ऐसी पत्नी लाना चाहते थे, जो गुणों में उसके ही अनुरूप हो। कई लड़कियाँ देखी भी गई थीं, परंतु सभी उन परंपराओं और प्रथाओं से बँधी थीं, जो समाज में व्याप्त थीं। गोविंदराव अपने पुत्र के साथ पहले ही कठोर हो चुके थे और अब नहीं होना चाहते थे।

''बेटी सगुणा! ज्योतिबा के लिए रिश्ते आ रहे हैं।'' गोविंदराव फुले ने एक दिन सगुणाबाई से कहा, ''अच्छे घरों से आ रहे हैं, परंतु इस विषय में हम तुम्हारी इस बात से सहमत हैं कि विवाह समान गुणों वाले वर-कन्या का हो तो जीवन सुखी रहता है। इसलिए ज्योतिबा के लिए लड़की तो हम ऐसी ही लाएँगे, जो गुणों में उसके अनुरूप हो।''

''चलिए मौसाजी! कम-से-कम ज्योतिबा के साथ इस विषय में तो आपके विचार एक जिम्मेदार पिता की तरह हैं।''

''मैं तुम्हारा तंज समझता हूँ बेटी, परंतु मैं तुम्हें पहले ही कह चुका हूँ कि कुछ निर्णय विवशता में लिये जाते हैं। अब तुम ज्योतिबा के विवाह के बारे में सोचो। उसके लिए जिस प्रकार की लड़की मैं चाहता हूँ, वैसी आसपास के क्षेत्र में मुझे नजर नहीं आती। सब वही पुरातनपंथी, लकीर की फकीर लड़कियाँ हैं और ज्योतिबा के योग्य नहीं।''

''उसके योग्य एक लड़की मेरे विचार में है।'' सगुणाबाई ने कहा, ''वह लड़की नहीं आग है। विचारों और व्यवहार में ज्योतिबा की तरह है। पुरातन विचारों को अपने तर्कों से काटती है। भय उसके समीप भी नहीं फटकता।''

''कौन है वह कन्या? किस गाँव की है?''

''नायगाँव के मुखिया खंडोजी नेवसे पाटील की पुत्री सावित्रीबाई। उसके साहस की कई कहानियाँ मैंने सुनी हैं। पिछले साल नायगाँव के मंदिर में पूजा करने जा पहुँची थी और बहुत चर्चा में रही थी। नेवसे पाटील से हमारे पुराने संबंध भी रहे हैं। अत: रिश्ते में कोई अड़चन नहीं आएगी।''

''उसकी चर्चा हमने भी सुनी थी। यह तुमने अच्छा सुझाव दिया। खंडोजी पाटील हमारे दूर के रिश्तेदार भी हैं। रिश्ता और करीब का हो जाएगा और हमें ज्योतिबा के अनुरूप कन्या भी मिल जाएगी।''

''मैंने सुना है कि आपकी ही तरह खंडोजी पाटील को भी उनकी बेटी के कारण समाज के ठेकेदारों का कोपभाजन बनना पड़ रहा है। एक तरह से यह रिश्ता ईश्वर का बनाया हुआ लगता है। ज्योतिबा और सावित्रीबाई की जोड़ी अवश्य ही

समाज में कुछ परिवर्तन लाएगी।''

''अपने ऐसे विप्लवी विचारों को अपने हृदय में ही रखो, बेटी सगुणा! हम अपने परिवार की सुख-शांति चाहते हैं।''

''जो ईश्वर चाहता है, उसका संकेत भी समझिए।''

''हम नायगाँव चल रहे हैं। नेवसे पाटील से उस गुणी कन्या का हाथ माँगते हैं। तुम भी हमारे साथ चल रही हो। राजाराम को भी ले चलते हैं। सारी तैयारियाँ करो और कल मुँह अँधेरे की निकल चलो। शाम तक पहुँच जाएँगे और कल रात रुककर नेवसे पाटील से तसल्ली के साथ सब कुछ तय भी कर लेंगे।''

''जैसी आपकी इच्छा।''

गोविंदराव फुले फूले न समा रहे थे। वे अपने पुत्र के लिए जैसी जीवन-संगिनी चाहते थे, वैसी खोज ली थी। अब विवाह की सारी रस्में शुरू करनी थीं। इधर सगुणाबाई इस संभावित विवाह को केवल विवाह नहीं, बल्कि एक ऐसे सुखद समाज-परिवर्तन की आहट मान रही थी, जो दो वैचारिक शक्तियों के एकीकृत होने से निश्चय ही नव-परिवर्तन लाने में सक्षम सिद्ध हो सकती थी। वह मन-ही-मन ईश्वर से प्रार्थना भी कर रही थी कि उनका यह विश्वास सत्य सिद्ध हो।

□

7

ज्योतिबा के साथ विवाह

खंडोजी नेवसे पाटील अपने घर के सामने चबूतरे पर बैठे थे। आसपास गाँव के कुछ और लोग भी बैठे थे। किसी खास विषय पर चर्चा हो रही थी कि ग्राम द्वारपाल ने आकर एक समाचार दिया।

"पाटील जी! धनकवाड़ी के पाटील गोविंदराव फुले, उनके पुत्र राजाराम और उनकी धर्मपुत्री सगुणाबाई क्षीरसागर आपके अतिथि बनकर आए हैं। उनकी बैलगाड़ी गाँव के बाहर खड़ी है और वे आपसे गाँव में प्रवेश की आज्ञा चाहते हैं।"

"धनकवाड़ी के पाटील फुले जी!" खंडोजी प्रसन्नता से उछल पड़े, हमारे अतिथि बनकर आए हैं। यह तो हमारा सौभाग्य है। हम स्वयं उनके स्वागत को चल रहे हैं। जरा घर जाकर बता आएँ कि अतिथियों के सत्कार की व्यवस्था कर लें।

खंडोजी घर के अंदर गए और प्रसन्नमुद्रा में अपनी पत्नी को यह समाचार सुनाया। वास्तव में नेवसे फुले कुलों में बहुत पुराने संबंध रहे थे। बीच में कुछ समय से इनमें नवीनता नहीं हो सकी थी, जिसकी संभावना अब बन रही थी। सतारा के माली समाज में इन दोनों कुलों को श्रेष्ठ कुलों में गिना जाता था। बहुत पहले खंडोजी की बुआ नेवसे कुल में ब्याही थीं। रिश्ते तो कई पीढ़ियों पुराने थे। खंडोजी खुद दौड़े-दौड़े गाँव के प्रवेश द्वार पर पहुँचे, जहाँ गोविंदराव उनसे बगलगीर होकर मिले। सगुणाबाई ने हाथ जोड़कर प्रणाम किया। राजाराम ने भी अभिवादन किया, फिर वे उन अतिथियों को लेकर घर आ गए। उनका यथायोग्य सत्कार किया गया।

"आपकी पुत्री नहीं दिख रही, काका!" सगुणाबाई ने बात छेड़ी, "बड़े चर्चे सुने हैं उसके। आज के माहौल में एक लड़की का ऐसा साहस सुनकर हम अबलाओं को तो गर्व होता है। कोई तो है, जो इस थोपी हुई परिपाटी को नहीं मानती।"

"क्या बताऊँ सगुणा बेटी!" खंडोजी ने कहा, "लड़की जात को इतना लाड़-प्यार नहीं देना चाहिए, यह बात अब समझ में आ रही है। उसने तो परेशान कर

दिया है। रोज नई बात उठाकर ले आती है। लड़की जात है, बड़ा डर सा लगता है। दुश्मन पहले ही कम नहीं थे, अब और बढ़ रहे हैं। पहले कम-से-कम अपनी ही जाति के दुश्मन थे, अब तो सवर्ण कुपित हो उठे हैं।''

''आप भी डर गए लगते हैं, काका जी!''

''डरना पड़ता है, बिटिया! समाज से कौन टकराए! बेटी तो नादान है। उसे क्या पता कि उसकी किस बात से कौन रुष्ट होगा और क्या परिणाम होगा।''

''ठीक कहते हो, पाटील!'' गोविंदराव ने कहा, ''बच्चे ऐसे ही होते हैं। हमारा जीवन तो कट गया, मगर इनका कठिन लग रहा है। इन्हें तो न परंपराओं पर विश्वास है और न आस्थाओं पर। जो मन में आया कह दिया। भुगतना तो हमें पड़ता है, क्योंकि समाज हमसे उत्तर माँगता है।''

''जो मन में आया तो नहीं कह सकते, पर हाँ, परंपरा के विरुद्ध तो बोल ही जाते हैं। जो स्थापित नियम हैं, उन्हें तो अमान्य कर ही देते हैं।''

''गीता में भगवान् श्रीकृष्ण ने कहा है कि परिवर्तन संसार का नियम है।'' सगुणाबाई ने दार्शनिक भाव से कहा, ''उसके अनुसार यह तो होना ही है। जो हम न कर सके, हमारे पुरखे न कर सके, दो हजार साल में कोई न कर सका, जरूरी नहीं कि उसे हमारी आने वाली पीढ़ियाँ भी न कर सकें। परिवर्तन तो होगा, होना भी चाहिए। कब तक हम मानव होकर अमानवीय व्यवहार सहते रहेंगे।''

''परिवर्तन एक दिन में नहीं हो जाते, बिटिया!'' खंडोजी ने कहा, ''इतने विराट् परिवर्तन तो सदियों में जाकर होते हैं।''

''सदियाँ तो हो भी गईं, काकाश्री!''

''यह व्यर्थ की बहस है। भविष्य में क्या होगा, यह कौन जानता है।'' गोविंदराव ने विषय बदलने की गरज से कहा, ''हमें तो अपना और अपने बच्चों का भविष्य देखना है। ऐसे क्रांतिकारी विचार घर-गृहस्थ वालों के लिए ठीक नहीं होते हैं। आप ही कहिए पाटील, क्या मैं गलत कह रहा हूँ। सवर्णों और ब्राह्मणों ने जो नियम हमारे लिए बना रखे हैं, उन्हें मानना हमारी विवशता है। हमारे पूर्वजों ने जब कोई विद्रोह नहीं किए तो हमें भी नहीं करने चाहिए।''

''ठीक कहते हो, पाटील! यह सामाजिक व्यवस्था पीढ़ियों से चली आ रही है और अब यह इतनी सुदृढ़ भी हो गई है कि छोटे-मोटे प्रहारों से इसमें दरार भी नहीं पड़ सकती। इसे तो नियति ही मान लेना चाहिए।''

''यही तो हम भी नई पीढ़ियों को समझाते हैं कि केवल बातों से कुछ परिवर्तन नहीं होता है। परिवर्तन के लिए बहुत साधन चाहिए और इस सामाजिक परिवर्तन के

लिए तो दुर्लभ साधनों की आवश्यकता होगी। इतनी पुरातन व्यवस्था दो-चार लोगों की आवाज भर से चरमरा नहीं सकती। इसके संरक्षक धर्म-मार्तंडों को सवर्णों की शक्ति प्राप्ति है। ब्राह्मणों का ज्ञान और सवर्णों की शक्ति ही तो दलितों पर शासन कर रही है। इसका विरोध करना सहज नहीं होगा।''

''वैसे भी देश अंग्रेजों का गुलाम हो गया है। अब क्या अगड़े, क्या पिछड़े, सब गोरों के हंटर के निशाने पर होंगे।''

''यह कैसी मानसिकता है हमारी कि अपने कष्टों से हम तब आनंद प्राप्त करेंगे, जब हमें कष्ट देने वाले भी कष्ट में घिर जाएँगे।''

''सगुणाबाई! हम यहाँ इन बातों पर विचार-विमर्श करने नहीं आए।'' गोविंदराव ने तनिक क्रोध में कहा, ''हम यहाँ अपने संबंधों को नवीनता देने आए हैं। अतः अब उसी विषय पर बात करें। ऐसा करो, तुम अंदर जाकर औरतों में बैठो। नाश्ता-पानी करो।''

सगुणाबाई का मन कुंठित हो गया, परंतु समय की यही माँग थी कि वह बस उस स्वप्न को देखती रहे, जिसके पूरे होने के आसार नजर आने लगे थे।

इसके बाद कई क्षण तक मौन छाया रहा। दोनों पाटील खामोश रहे।

''सगुणाबाई के विचारों में वही विद्रोह है, पाटील! जो अकसर हमने अपनी बेटी की बातों और व्यवहार में महसूस किया है।'' खंडोजी पाटील ने गंभीर स्वर में कहा, ''यह विद्रोह उचित नहीं है।''

''क्या करूँ पाटील!'' गोविंदराव ने कहा, ''इस लड़की ने बड़े कष्ट सहे हैं। छोटी सी उम्र में विधवा हो गई और फिर सामाजिक व्यवस्था ने गहरे दुःख में धकेल दिया। ससुराल वालों ने घर से निकाल दिया। पिता के घर भी जगह नहीं मिली तो हमने आश्रय दिया, फिर इसने हम पर वह उपकार किया कि हम उसे घर की सदस्य ही मानने लगे। हमारी पत्नी की मृत्यु के बाद इसने ही हमारे नौ माह के ज्योतिबा का पालन-पोषण किया। वह दिल की बहुत अच्छी है। बस परिस्थितियों ने थोड़ा विद्रोही बना दिया है और यह कामना करती है कि ऐसा परिवर्तन हो।''

''ऐसा होना स्वाभाविक ही है। परिस्थितियाँ ऐसी हों तो कोई पुरुष भी विद्रोही हो जाता है, यह तो स्त्री है।'' खंडोजी ने कहा।

''उसकी बात छोड़िए, पाटील! अब काम की बात करते हैं। हम आपके यहाँ एक विशेष प्रार्थना लेकर आए हैं। हमारी रिश्तेदारी तो वैसे बहुत पुरानी है, मगर अब इसे नवीनता देने का समय आ गया है। आपने हमारे पुत्र ज्योतिबा के विषय में तो सुना होगा। हम उसके लिए आपकी सुपुत्री का हाथ माँगने आए हैं।''

"नेकी और पूछ-पूछ!" खंडोजी प्रसन्न हो उठे, "यह तो वही बात हुई कि बात मेरे मुँह पर थी, पर निकली आपकी जुबान से। यही प्रार्थना मैं आपसे करने वाला था। अब तो मुँह मीठा कर लीजिए।"

"बात तो मुँह मीठा करने वाली ही है। मँगाइए।"

खंडोजी ने भीतर से मिष्टान्न मँगाया और दोनों संबंधियों ने एक-दूसरे को मिठाई खिलाकर बधाई दी, फिर यह शुभ समाचार भीतर पहुँचाया गया और मंगलगीत गाने के लिए आस-पड़ोस से महिलाएँ बुलाई जाने लगीं। कुछ ही देर में यह शुभ समाचार सारे गाँव में फैल गया कि मुखिया पाटील की बेटी का रिश्ता तय हो गया है। गाँव मुखिया के द्वार पर जुट आया और रीति के अनुसार वर के पिता को सभी के लिए मिष्ठान मँगाना पड़ा। विवाह की तैयारियाँ हो गईं और कुछ दिनों बाद धनकवाड़ी से दर्जनों गाड़ियों में बारात आ गई। नायगाँव में मेले जैसा उत्सव हो गया था। गंधाली लोगों की भजन-मंडली, नर्तक-मंडली, स्वाँग मंडली आदि सभी पारंपरिक कार्यक्रम होने लगे थे। आसपास के गाँवों से भी लोग निमंत्रित किए गए थे।

सात दिन तक चला यह भव्य विवाहोत्सव नायगाँव के लिए यादगार बन गया और तब ज्योतिबा फुले सावित्रीबाई को अपनी जीवन संगिनी बनाकर धनकवाड़ी लौटे। इस तरह दो महान् आत्माओं का मिलन हो गया था।

□

8

तालाब-निर्माण का निर्णय

ज्योतिबा और सावित्रीबाई का विवाह दो समान वैचारिक शक्तियों का एकीकरण था। कुछ ही समय में दोनों एक-दूसरे के विचारों से परिचित हो गए थे। दोनों के विचारों का केंद्र दलित उत्थान था। ज्योतिबा तो इस दिशा में सक्रिय भी हो गए थे। उन्होंने धनकवाड़ी के दलित युवाओं में एक नई ऊर्जा भर दी थी, यद्यपि इसे सामाजिक विद्रोह की श्रेणी में नहीं रखा जा सकता। यह ऊर्जा युवा शक्ति के संगठित होकर अपने दलित समाज के हित में कार्य करने वाली थी। गाँव में आयोजित होने वाले उत्सव, समारोहों में एकजुट होकर कार्य करना, सबके सुख-दुःख में शामिल रहना, लड़ाई-झगड़ों की स्थिति बनने से पहले उसका निपटारा करना आदि कार्यों में तो इस युवा वर्ग का संगठित प्रयोग सराहनीय था ही, खेती-बाड़ी के कार्यों में परस्पर सहयोग की भावना भी इनमें ज्योतिबा ने भर दी थी।

वास्तव में खेती पकने के समय क्षेत्र भर में मजदूरों की कमी हो जाती थी और बहुत से किसानों की पूरी फसल उठ नहीं पाती थी। इससे आर्थिक हानि होती थी, मगर किसी के पास इसका कोई हल नहीं था। ज्योतिबा ने इस समस्या का समाधान किया, जो बहुत कारगर सिद्ध हुआ।

सावित्रीबाई को अपने पति की बुद्धि और कृत्य पर गर्व महसूस हुआ। यह प्रथम दृष्ट्या दलित-उत्थान का छोटा सा प्रयास था। जिसमें एकता परस्पर सहयोग और सद्भावना के तत्त्व मौजूद थे। ऐसे ही छोटे प्रयास मिलकर बड़े प्रयास में बदलते थे। एक दिन सावित्रीबाई ने घर के बाहर हो रही पंचायत सुनी, जिसमें उसके पति का स्वर उसे निरंतर सुनाई दिया। यद्यपि वह न पंचायत का कारण समझ पाई और न पूरी काररवाई सुन पाई। पंचायत खत्म हो जाने के बाद जब ज्योतिबा घर आए तो सावित्रीबाई ने पूछा, "यह पंचायत किस बात की थी ? बड़ा शोर हो रहा था ?"

"यह अगड़ों-पिछड़ों का बहुत दिनों से चला आ रहा झगड़ा था।" ज्योतिबा ने बताया, "गाँव के बाहर एक ही तालाब है, जो सदा से अगड़ों के कब्जे में रहा है। हमारे लोग उस तालाब से एक बूँद पानी भी नहीं ले सकते। हमें पानी के लिए आधा मील दूर नदी पर निर्भर रहना पड़ता है। आज हमारी जाति के एक आदमी के पशु उस तालाब में जा घुसे और सवर्णों ने वे पशु पकड़कर बाँध लिये। हालाँकि हमारे लोग पूरी सावधानी रखते हैं कि ऐसा कोई विवाद न हो, पर पशु तो पशु होता है।"

"तालाब तो प्रकृति का है। जल तो प्रकृति का है।"

"प्रकृति का तो सब कुछ है बाई, नहीं है तो दलित नहीं है। इसे छूने भर से ब्राह्मण अशुद्ध हो जाते हैं और अगड़े क्रुद्ध हो जाते हैं।"

"क्या निर्णय हुआ पंचायत में?"

"आर्थिक दंड लगा। अगड़ों के पैर पकड़े। क्षमा माँगी और वादा किया कि भविष्य में ऐसी गलती नहीं होगी। तब जाकर मनुपुत्रों ने दया की।"

"यह व्यवस्था कभी बदलेगी या नहीं?" सावित्रीबाई आहत भाव से बोली, "मानव का मानव पर यह अत्याचार कब थमेगा? जल, जंगल, भूमि पर तो मनुपुत्रों के कब्जा कर लिया, अब सूर्य और हवा रह गए हैं।"

"कभी-कभी बड़ा आक्रोश उत्पन्न होता है, बाई!" ज्योतिबा ने कहा, "मन करता है कि इन अत्याचारों के विरुद्ध सशस्त्र विद्रोह कर दूँ।"

"यह समस्या का समाधान नहीं है जी! समस्या का मूल जानिए। समस्या का मूल यह है कि मनुपुत्रों और ब्राह्मणों ने दलित को मानव बनाने की प्रवृत्ति छोड़ दी है। उनके पूर्वजों ने उनका यह दृष्टिकोण विकसित किया कि शूद्र मानव नहीं हैं। धीरे-धीरे उनका यह विश्वास दृढ़ होता गया और इसमें अधिकाधिक सहयोग हमारे दलित समाज ने ही किया। दलित भी खुद को मानव न मानने के दृष्टिकोण को विकसित करते रह गए। यही मूल समस्या है।"

ज्योतिबा स्तब्ध से अपनी पत्नी को देखते रह गए, जिसने बड़े ही दार्शनिक ढंग से 'दलित बनाम सवर्ण' का विश्लेषण किया था।

"सबल का निर्बल पर तब ज्यादा जोर चलता है, जब निर्बल उसे अपने व्यवहार से प्रमाण देता है कि वह वास्तव में निर्बल है।" सावित्रीबाई ने आगे कहा, "यदि निर्बल जरा भी सबलता का संकेत दे दे तो सबल शंकित हो जाता है कि कहीं उसने सबल से ही तो झगड़ा मोल नहीं ले लिया। उसका यह भ्रम टूट भर जाए कि निर्बल दिखने वाला सबल है तो फिर वह पीछे हटता है, हठ छोड़ देता है।"

"बाई! तुम विद्यालय गई हो?" ज्योतिबा अचरज से बोले, "इतनी गूढ़ ज्ञान

की बातें तुमने कहाँ सीखीं?''

''विद्यालय जाने की इच्छा तो अंतिम श्वास ले रही है जी! मैं भी चाहती थी कि मैं पढ़ना सीखूँ और उन ग्रंथों को पढ़ूँ, जिनमें ब्राह्मण लिखा बताते हैं कि शूद्र का जन्म अधिकारहीन और दासत्व के लिए होता है।''

''बाई! तुम्हारी यह इच्छा अवश्य पूरी होगी। तुम पढ़ना-लिखना सीखोगी।'' ज्योतिबा ने दृढ़ स्वर में कहा, ''मैं इस ज्ञाननदी को अशिक्षा के अंधकूप में विलुप्त नहीं होने दूँगा। तुम्हें मैं पढ़ाऊँगा।''

''सच स्वामी!'' सावित्री का मनमयूर नाच उठा, ''आप मुझे पढ़ाएँगे!''

''हाँ बाई! तुमने मुझे एक मार्ग दिखा दिया है। अब तुम अपनी वह बात पूरी करो। समस्या का तो तुमने ठीक से विश्लेषण किया, अब समाधान भी बताओ। जो समस्या को ठीक से जान लेता है, वह समाधान भी सोच लेता है।''

''स्वामी! समाधान भी मैंने बता दिया था। संभवतः आप समझे नहीं, फिर बताती हूँ। वास्तव में दलित को अपने हृदय से यह धारणा निकालनी होगी कि वह मानव नहीं है और मानव बनकर दिखाना होगा। जब मनुपुत्रों को अपने सामने शूद्र मानवरूप में दिखेगा तो उसे शंकित होना पड़ेगा अपने वेदशास्त्रों और धर्मपंडितों पर कि कहीं उन्होंने ही तो झूठ नहीं कहा था कि शूद्र मानव नहीं है। एक बार शंका हुई कि वह उसकी पुष्टि के लिए जरूर विचार करेगा और हमें वह पुष्टि कर दिखानी है। तिलिस्म टूट जाएगा।''

''मगर यह सब कैसे होगा?'' ज्योतिबा ने पूछा।

''मनुपुत्र खुद को मानव क्यों मानते हैं? क्योंकि वे शिक्षित हैं, क्योंकि वे निर्भय हैं, क्योंकि वे अपने-अपने श्रम को तो अपने लिए रखते ही हैं, हमारे श्रम को भी लूट रहे हैं, हम किसी का श्रम लूटे नहीं पर अपना श्रम रखने की प्रवृत्ति पालें, क्योंकि वे केवल ईश्वर के दास हैं और हम दासों के भी दास है। हमें दासता की यह बिचौलियापंती छोड़नी होगी। हमें भी पुरुषार्थ का वह मार्ग पकड़ना होगा, जिससे मानव की पहचान सिद्ध होती है।''

''बाई! ज्योतिबा भाव-विभोर हो गए।'' यह गूढ़ उपदेश आज तक किसी दलित को किसी ने नहीं दिया। आज तुमने मेरे ज्ञान-चक्षु खोल दिए। दलित-उत्थान की जो कुँजी है, वह तुमने आज मेरे हाथों में दे दी। तुम्हारा यह उपकार मुझ पर ही नहीं, समूचे शूद्र समाज पर हुआ। वास्तव में ही जब तक हम स्वयं को मानव नहीं मान लेते, तब तक कोई और हमें क्यों मानव समझने लगा। वह भी तब, जब हमें मानव मानने से उन लोगों को हानि होती है।

"स्वामी! संसार में परिवर्तन स्वयं नहीं होते, प्रकृतिजन्य परिवर्तन भी मानव जाति के अच्छे या बुरे कर्मों के आधार पर होते हैं। आज मनुपुत्रों ने शूद्रों को तालाब से बेदखल कर रखा है तो आवश्यकता है कि शूद्र समाज अपने परिश्रम से अपने लिए तालाब खोद ले। यही मानव की वृत्ति है। जब किसी वस्तु की आवश्यकता होती है तो मानव उसके लिए सश्रम प्रयास करता है, न कि औरों का मुँह ताकता है।"

"तालाब खोद लें।" ज्योतिबा की आखें चमक उठी, "यह तो तुमने एक और कमाल की राय दे दी। बरसात आने वाली है। उससे पहले ही तालाब तैयार हो जाए तो जलसंकट हमेशा के लिए दूर हो जाए। यह एक क्रांतिकारी कार्य होगा। दलितों के लिए एक रास्ता होगा, जिस पर चलकर वे मानव होना सिद्ध कर सकते हैं। बाई, आज तुमने मेरा हृदय पुलकित कर दिया। यह तो मैं जानता था कि इस सुंदर मुख और सीप से नेत्रों में जो चमक है, वह ज्ञान की है, परंतु आज मेरा सिर श्रद्धा से झुक जाता है कि वह ज्ञान भी असाधारण ही है।"

"स्वामी! स्त्री के ज्ञान का महत्त्व पुरुष ही सिद्ध करते हैं। मैं साधारण स्त्री हूँ, साधारण ज्ञान रखती हूँ। इसे असाधारण तो आप करेंगे।"

"तुमने मेरे जीवन में नई ऊर्जा भर दी है। इस कल्पना से ही मेरा हृदय जोरों से धड़क रहा है कि जब दलितों का अपना तालाब होगा तो कैसे मनुपुत्र अपने अहम् को वश में कर सकेंगे। मैं प्रातः होते ही अपने मित्रों और लोगों से इस विषय में बात करता हूँ। देखना सब बड़े प्रसन्न होंगे। सारे गाँव में हलचल मच जाएगी। जोश के मारे फावड़े और कुदाल उछलने लगेंगे।"

सावित्रीबाई बड़े अनुराग से अपने पति की आँखों में उभरे हर्ष को देख रही थी। एक क्षणिक खुशी व्यक्ति को कितना ऊर्जावान कर देती है, यह कोई ज्योतिबा की आँखों में आज स्पष्ट देखा जा सकता था।

□

9

विट्ठलदास का धर्म-प्रपंच

जिस उत्साह और उमंग से धनकवाड़ी का समूचा दलित समाज फावड़े और कुदालें आदि लेकर तालाब खोदने के लिए निकला था, वह देखते ही बनता था। उस दलित समूह में बच्चे, बूढ़े, स्त्रियाँ सब थे। सबसे आगे मुंशी गफ्फारबेन और ज्योतिबा चल रहे थे। तालाब खोदने में जो भी कानूनी प्रक्रिया होती थी, वह ज्योतिबा ने मुंशीजी के माध्यम से पूरी कर ली थी और जिला कलेक्टर की अनुमति ले आए थे। तालाब के लिए भूमि गोविंदराव फुले ने दी।

सवर्णों को इस बात का पता चला तो एक बार वे भी स्तब्ध रह गए। धर्म-मर्मज्ञ भी सकते में रह गए। तालाब मिल जाने पर तो दलित समाज काबू से बाहर हो जाएगा। आज तालाब, कल कुआँ, फिर विद्यालय। ढह गई सदियों पुरानी सामाजिक व्यवस्था! फिर दलित कहाँ दलित रह जाएगा! यह शिक्षा और सुविधाओं का ही अभाव तो था, जो दलित उस अंधकूप से बाहर नहीं निकल पा रहा था, मगर आज जो जागृति के संकेत मिल रहे थे, वह उस व्यवस्था से विद्रोह की पहल थी, जिससे सवर्ण और ब्राह्मण ईश्वरतुल्य बने हुए थे।

अब क्या किया जाए? धनकवाड़ी के प्रकांड धर्मशास्त्री विट्ठलदास महाराज सहित बहुत से सवर्ण जमींदार इस आकस्मिक दलित जागृति को भयंकर विपत्ति की तरह देख रहे थे और इस पर गहन मंथन कर रहे थे।

''महाराज! यह परंपराओं पर कुठाराघात है।''

जमींदार ने कहा, ''पुरातन व्यवस्था को चूर-चूर हो जाने से नहीं रोका जा सकता, फिर दलित उन सब अधिकारों की माँग करेंगे या प्राप्ति के प्रयास करेंगे, जो शास्त्रों में भी उनके लिए निषेध हैं।''

''यह सब उस दुष्ट प्रवृत्ति के ज्योतिबा के कारण हो रहा है।'' विट्ठलदास महाराज ने कहा, ''और इसमें हमारी ही गलती है। हमारे ही कुछ युवक उस शूद्र

को सहायता दे रहे हैं। उससे मित्रता करके उसे साहस दे रहे हैं।''

''महाराज! अब कोई उपाय बताइए। तालाब तैयार नहीं होना चाहिए, अन्यथा कल को कुआँ भी बनेगा। इन्हीं चीजों के अभाव से वे दासधर्म का पालन करते हैं।'' जमींदार ने गंभीर स्वर में कहा।

''उपाय क्या बताएँ। सुना है कि मुंशी गफ्फारबेन उनके साथ हैं। वकील आदमी हैं। कलेक्टर से मित्रता है। अब वे साथ हैं तो वह तालाब कानूनी प्रक्रिया और अनुमति से ही खोदा जा रहा होगा। इसमें किसी तरह का हस्तक्षेप करना सरकार को चुनौती देना है। आजकल अंग्रेज सरकार वैसे भी नए-नए कानून ले आई है। किसी प्रकार की जोर-जबरदस्ती भी करें तो कलेक्टर पुलिस भेज देगा।''

''महाराज! इन अछूतों को हमेशा आपके ही उपाय रोकते आए हैं, कुछ सोचिए।''

महाराज विट्ठलदास नेत्र बंद करके सोच में पड़ गए। वे कोई ऐसा पैंतरा सोचने लगे, जिससे दलित समाज तालाब की खुदाई बंद कर दे। वकील मुंशी गफ्फारबेन के होने से बलप्रयोग करना तो खतरे से खाली नहीं था। अंग्रेजी राज था। अचानक पंडितजी की आँखें खुलीं, जो जुगनुओं की तरह चमक रही थीं।

''जजमान! रामबाण उपाय है। तालाब तो दूर, इन शूद्रों को एक गड्ढा भी खोदने नहीं दूँगा, परंतु इसमें मेरा कोई लाभ तो दिखाई नहीं देता।''

''महाराज! आप कैसी बात कर रहे हैं। अगड़ों के भगवान् हैं आप। हमारी रक्षा करना आपका धर्म है। भगवान् ने आपको इसीलिए तो ज्ञान दिया है। हमारे पास तो बल है और हम उससे आपकी विपत्ति दूर करते हैं। आपके पास ज्ञान है, अतः हमारे संकट को आप दूर करें।''

''बात आपकी ठीक है जजमान, पर उपाय पर आने वाला खर्च तो आप ही देंगे, फिर उपाय सफल हो जाने पर प्रसन्न होकर श्रद्धापूर्वक इस ज्ञानी ब्राह्मण को दान के साथ दक्षिणा देना भी बनता है।'' महाराज ने कहा।

''महाराज! हमने आपकी सेवा में न पहले कभी कोई कमी की है और न अब करेंगे। आप हमारे संकट-मोचक हैं। हम आपकी महत्ता जानते हैं। आपको प्रसन्न करने के लिए हम सदैव तत्पर हैं। आप चिंता न करें। यदि तालाब न खुदा तो हम सब मिलकर आपकी 'पचमनी' करेंगे।''

''ईश्वर आपका भला करे। अब मेरे साथ चलिए।''

महाराज कुछ सवर्णों को लेकर वहाँ पहुँचे, जहाँ तालाब खोदने का काम शुरू भी हो चुका था। बड़े उत्साह और कर्मशीलता से काम चल रहा था।

"ठहरो दुष्टो, पापियो! यह कैसा अनर्थ कर रहे हो। देवशायिनी माह में सोई हुई धरती माता के सीने पर लौह प्रहार कर रहे हो।" विट्ठल महाराज ने गरजकर कहा, "अरे मूर्खो! नदी, तालाब सब ईश्वर बनाते हैं। तुम ईश्वर को भी कुछ नहीं समझ रहे हो। धरती माता की निद्रा में हस्तक्षेप करके घोर पातक कर रहे हो, उन्हें कष्ट दे रहे हो। यदि वह रुष्ट हो गईं तो भयंकर अकाल पड़ेगा। अन्न का एक दाना भी धरती माता वापस नहीं करेंगी।"

तत्काल फावड़े, कुदाल थम गए। लोग भयभीत हो गए। ज्योतिबा फुले दौड़े आए और हाथ जोड़कर महाराज के सामने खड़े हो गए।

"महाराज! ऐसा भयभीत कर देनेवाला श्राप क्यों देते हैं?" ज्योतिबा ने कहा, "तालाब तो आपका भी कई बार खोदा जा चुका है। इन्हीं लोगों ने खोदा है। हर दो-चार साल में आप उसकी लंबाई-चौड़ाई बढ़वा रहे हैं, तब धरती माता रुष्ट नहीं होतीं?"

"मूर्ख! तू स्वयं तो माता के क्रोध से काल-कवलित होगा ही, इन सब लोगों को भी अकाल मृत्यु के फंदे में फँसाएगा। हम शुभ मुहूर्त, शुभ घड़ी और पूजा-पद्धति से अपने तालाब का विस्तार करते हैं।" महाराज के नेत्र क्रोध से लाल हो गए।

"महाराज! अब जो भी नरक मिले, वह मैं भोगने को तैयार हूँ। खुदाई तो शुरू हो भी गई। पाप हो ही गया। अब क्या थोड़ा, क्या ज्यादा। आगे की पीढ़ियों के लिए तो सुख हो ही जाएगा।" ज्योतिबा ने विनयशील स्वर में कहा।

"तेरी धृष्टता मैं समझ रहा हूँ पापी!" महाराज गरजकर बोले, "तूने इन भोले-भाले लोगों को बहकाकर पाप के कुएँ में धकेला है, परंतु मैं ऐसा नहीं होने दूँगा। अब एक भी फावड़ा धरती माता के सीने पर चला तो मैं यहीं प्राण त्याग दूँगा, यह मेरी अटल प्रतिज्ञा है। ब्रह्महत्या का घोर पाप तुम्हारी बहत्तर पीढ़ियों का सर्वनाश कर देगा। अब मैं यहीं बैठ जाता हूँ।"

महाराज विट्ठलदास ने अचूक ज्ञानास्त्र चला दिया। वे वहीं जमीन पर पालथी मारकर बैठ गए और अपनी नाक के दोनों नथुने पकड़ लिये।

"महाराज क्षमा! क्षमा करें महाराज।" गोविंदराव भयभीत होकर उनके चरणों में गिर पड़े, "ऐसा घोर पाप हमारे सिर न चढ़ाएँ। अब तालाब नहीं खुदेगा। आपकी अवज्ञा नहीं होगी। इन मूर्खों को क्षमा करें। सुनो, सब अपने-अपने घर जाओ। अब कोई एक भी फावड़ा नहीं चलाएगा।"

सभी दलित बड़े निराश हुए। कुछ तो भय से मन-ही-मन महाराज को श्रद्धा

से नमन कर रहे थे, जिन्होंने समय रहते बता दिया कि इन दिनों धरती माता सोई हुई हैं, अन्यथा बड़ा पाप हो जाता। ज्योतिबा भी निराश हो गए। सवर्णों के चेहरे खिल उठे। महाराज मंद-मंद मुसकरा रहे थे। उनका बाण सफल लक्ष्य-भेदन जो कर गया था। दलित युवा आहत भाव से ज्योतिबा को देख रहे थे, जो पराजित योद्धा की भाँति खड़े थे।

"निराश मत होओ, ज्योतिबा!" मुंशी गफ्फारबेन ने गंभीर स्वर में कहा, "ऐसे कार्यों में बाधाएँ आती ही हैं। दलित बनाम सवर्ण का यही तो तराजू है। मार्ग और भी हैं। इन्होंने अपना उपाय कर लिया, अब हम अपना उपाय करेंगे।"

"मुंशीजी! ऐसे अवरोध उत्साह के शत्रु होते हैं। कैसी घोर निराशा फैल गई है!"

"घबराओ मत। मैं सरकारी स्तर से इस तालाब को खुदवाने का प्रयास करता हूँ। पुलिस के दो सिपाही भी आ खड़े हुए तो मजाल कि महाराज आत्महत्या की धमकी ऐसे खुलेआम दे सकें। वैसे भी तुम लोग जरा धैर्य दिखाकर काम चालू रखते तो भी महाराज पराजित होकर अपने घर चले जाते। प्राण देने का भय ही तो इनका ब्रह्मास्त्र है। ये प्राण थोड़े ही देते हैं। भय दिखाते हैं।"

"हमारे लोग तो नहीं समझते, मुंशी जी!"

"समझाने वाला भी कौन है? लोग उसकी समझ मानते हैं, जो शिक्षित हो। तुमने तो शिक्षा की ओर से मुँह मोड़ लिया। अभी भी समय है। संकटों को शिक्षा से ही जीता जा सकता है।" मुंशी ने कहा है।

"काका नहीं मानेंगे, वरना मैं तो पढ़ना चाहता था।"

"हम मनाएँगे। आज ही मनाएँगे।" मुंशी जी दृढ़ता से बोले।

□

10

सावित्रीबाई का पति-प्रेम

यह सन् 1843 का समय था, जब मुंशी गफ्फारबेन की दलीलों के सामने गोविंदराव फुले को झुकना पड़ा और ज्योतिबा की शिक्षा पुनः आरंभ होने का मार्ग प्रशस्त हुआ। गोविंदराव फुले जानते थे कि मुंशी जी कभी गलत परामर्श नहीं देते थे और उनके संबंध बहुत पुराने थे।

"गोविंदराव! अत्याचार करना यदि पाप है तो उससे अधिक बड़ा पाप अत्याचार सहना है। कब तक इन रूढ़ियों से बँधे रहकर अपनी पीढ़ियों को भी तबाह करते रहोगे? कभी सदियों में कोई तारणहार पैदा होता है। आज जो हुआ है, उसे संकेत मानो। मानो कि वह ज्योतिबा ही था, जिसने समाज में ऐसा उत्साह पैदा किया। आज उसकी केवल एक कमी ने इतिहास रचने से रोक दिया।"

"कौन सी कमी?" गोविंदराव ने अचकचाकर पूछा।

"ज्ञान की कमी, शिक्षा की कमी। आज उसके पास ज्ञान होता तो वह धर्माचार्यों के सवालों का जवाब दे पाता। वह शिक्षित होता तो पूछ सकता कि अभी चार दिन पहले तक यही दलित मजदूर सवर्णों के खेत बोने के लिए फावड़े चला रहे थे, तब धरती माता रुष्ट नहीं हो रही थी। हर देवी-देवता दलित पर ही क्यों कुपित होता है। गोविंदराव इन सवालों के जवाब धर्माचार्यों के पास नहीं है, क्योंकि यह सब कपोल-कल्पित ब्राह्मण जाल है। इन्होंने ही समाज को भयभीत करके अपना वर्चस्व बनाए रखा है। इनसे ही समाज को बचाने के लिए राजपाट छोड़कर सिद्धार्थ गौतम बुद्ध हुए थे। तप करके ज्ञान पाया था और एक नई ही परिपाटी चला दी थी, जहाँ कोई छोटा या बड़ा नहीं होता।"

"मुंशीजी! ब्राह्मण यदि प्राण-त्याग करे तो महापाप लगता है। देवी-देवता उनकी पूजा-प्रार्थना से उन्हीं के वश में होते हैं। हम ठहरे अछूत!"

"तुम्हें पूजा-प्रार्थना से इन ब्राह्मणों ने वंचित किया है, देवी-देवताओं ने नहीं।

कभी भगवान् ने कहीं किसी वेद शास्त्र में कहा है कि शूद्र मेरी पूजा न करे या मैं शूद्र की पूजा-प्रार्थना स्वीकार नहीं करूँगा। अरे, इतना तो ज्ञान तुम्हें भी होगा कि श्रीराम ने शबरी के जूठे बेर खाए थे, निषाद को गले लगाया था। श्रीकृष्ण ने विदुर के घर भोजन किया था। कहीं कोई ऐसा लेख कोई धर्माचार्य दिखाएँ तो सही कि भगवान् ने मानव-मानव में भेद किया हो।"

"यह सब मैं भी समझता हूँ मुंशीजी!" गोविंदराव आहत भाव से बोले, "परंतु हमारे पुरखे-पंगत से यह सब चला आ रहा है।"

"हमारे भी चला आ रहा था फुलेजी! हमें भी अशिक्षित रहने के फतवे जारी होते रहते थे। आज हमारी कौम ने शिक्षा के बल पर ही हमारे जैसे लोग पैदा किए हैं। शिक्षा से बड़ा हथियार कोई नहीं।"

"मेरी भी बहुत इच्छा थी कि मेरा बेटा पढ़कर समाज में कुछ करे, परंतु मनुपुत्रों का भय जानकर मैंने अपने बच्चे की शिक्षा रोक दी मगर अब नहीं। अब मैं उसे पढ़ाऊँगा। वह जितना चाहे पढ़ सकता है।"

यह शुभ समाचार ज्योतिबा को मुंशी जी ने सुनाया और ज्योतिबा ने आगे अपनी पत्नी सावित्रीबाई को।

"बाई! बहुत शुभ समाचार है। काका ने मुझे आगे पढ़ने की इजाजत दे दी।" ज्योतिबा का चेहरा खिल रहा था, "अब मैं पढ़-लिखकर उन अधूरे लक्ष्यों को पूरा करूँगा, जो चाहकर भी नहीं कर पाया।"

"यह तो बड़ी अच्छी बात है जी!" सावित्रीबाई भी खुश हो उठी, "देर से ही सही, पर काकाश्री को समझ तो आई। लगता है, तालाब न बन पाने का दुःख अब क्रोध में बदल गया है। यह अच्छा ही हुआ।"

"पर इसमें एक समस्या तो आएगी।"

"कैसी समस्या?"

"मुझे पूना जाना होगा और तुम्हें मेरे बिना रहना होगा, रह सकोगी?"

"स्वामी! एक अच्छे काम के लिए इतना त्याग तो मैं कर ही सकती हूँ और वैसे भी पूना कौन सा दूर है, आते-जाते रहिएगा।"

"मैं तो समझता था कि तुम इस बात से उदास हो जाओगी। तीन वर्ष से पल भर भी मुझसे विलग न रहने वाली मेरी प्राणप्रिया कैसे रह पाएगी मुझसे अलग!"

"मैं आपसे अलग कहाँ हूँ जी! मैं तो आपमें ही बसी हूँ। यह शरीर ही तो है, वरना मेरी आत्मा तो आपमें ही है। शरीर में क्या है! यह तो माटी का पुतला है। प्रेम तो आत्मा की परछाईं है। मेरा श्वास-श्वास आपके प्रेम में पगा हुआ।"

"अरे! तुम तो कवयित्री भी हो। कविता ही कह डाली।"

"प्रेम में कौन क्या बन जाए, कौन जाने जी! यह तो भावनाओं का समंदर है। इसके हर शब्द में गीत है, हर शब्द में कविता। पढ़ी-लिखी तो नहीं हूँ, पर हृदय की भावनाओं से अपरिचित थोड़े ही हूँ।"

"मैं कितना सौभाग्यशाली हूँ कि तुम्हारे जैसी पत्नी मिली, जिसे हर दायित्व, हर संबंध और हर विषय का ज्ञान है। देखना जब मैं पढ़कर लौटूँगा और तुम्हें पढ़ाऊँगा तो पता चलेगा कि जो मैं पढ़ा रहा हूँ, वह तो तुम्हें पहले से ही आता है। बस अक्षर-ज्ञान कराना भर होगा।"

"ऐसा नहीं है, जी! संसार में ज्ञान की कोई सीमा नहीं और ऐसा कोई मस्तिष्क नहीं कि समस्त ज्ञान उसमें ही समा सके। यह तो केवल भगवान् ही कर सकते हैं। इनसान के वश में ऐसा नहीं होता।"

ज्योतिबा ने अपनी पत्नी की बात के समर्थन में सिर हिला दिया।

"यह शुभ समाचार आपने बड़ी दीदी को सुनाया कि नहीं ?" सावित्रीबाई ने कहा, "सच कहूँ तो यह उनकी ही दिन-रात की प्रार्थना का प्रसाद है। वे हमेशा से चाहती हैं कि आप पढ़ें। काकाश्री उनकी प्रार्थना के कारण पसीजे हैं।"

"दीदी को अभी यह समाचार नहीं मिला। देखना, खुशी से पगला जाएँगी। बाई, वास्तव में सगुणा दीदी के हम पर इतने उपकार हैं कि उनके चरण भी धोकर पीएँ तो भी उऋण न हो सकें। मेरा तो जीवन ही उनकी देन है।" ज्योतिबा भाव-विभोर होकर बोले, "उन्होंने अपनी ममता से मेरा बचपन सींचा है। उन्हीं की प्रेरणा से मुझे अपने समाज के हित में सोचने का सौभाग्य मिला है।"

"आप सत्य कह रहे हैं। मैंने अपने जीवन में इतनी गुणी और सुलझी हुई ममतामयी नारी नहीं देखी। अपने हृदय में जीवन के समस्त कष्टों को दबाए उन्होंने अपने सारे स्वप्न आपकी आँखों में भर दिए हैं। वे मुझसे कहती हैं कि सावित्री देखना, एक दिन वह नारी के उन कष्टों का हरण कर लेगा, जो मैंने भोगे। वह इस समाज में आमूल-चूल परिवर्तन लाएगा।"

"ईश्वर उनकी अपेक्षाओं पर खरा उतरने में मेरी सहायता करे। खैर, मैं यह समाचार दीदी को सुनाने जा रहा हूँ। तुम मेरे स्नान की व्यवस्था करो। मुझे आज शाम एक मित्र के विवाह में शीतलवाड़ी गाँव जाना है। बड़ा अभिन्न मित्र है। कहता है कि जब तक मैं न पहुँचूँगा, तब तक वह दूल्हा नहीं बनेगा।"

"आपको सभी इतना प्रेम करते हैं। आप में कुछ ऐसा विशेष है, जिससे सबका हृदय आपसे बँध ही जाता है।" सावित्रीबाई ने अनुरागपूर्वक कहा।

''सबका तो बँध जाते हैं, पर हमारी प्राणप्रिया जाने किस मिट्टी की बनी है कि वियोग का समाचार सुनकर भी उसके नेत्रों में उदासी नहीं है।'' ज्योतिबा ने शरारत भरे स्वर में कहा, ''पति के परदेस जाने की खबर सुनकर पत्नियाँ उदास हो जाती हैं।''

सावित्रीबाई ने क्षण भर अपने पति को देखा और नेत्र झुकाए तो अश्रु की दो बूँदें उसके कपोलों पर ढलक पड़ीं।

''अरे भैरोबां! यह क्या कर दिया तुमने! सारा प्रेम, सारा वियोग, सारी पीड़ा इन अश्रुबिंदुओं में समेट दी। पगली, मैं क्या जानता नहीं कि एक पत्नी के रूप में तुम भी सामान्य पत्नी की भाँति हो। सुकोमल, सहृदय और सुभावनी! तुम्हारे हृदय में भी वही सब प्रेम विकार हैं, जो एक पत्नी के हृदय में होते हैं। मैं तो मजाक कर रहा था। मैं क्या जानता नहीं कि इस हृदय में मेरे प्रति कितना प्रेम है!''

''स्वामी! भूलकर भी ऐसी बात न कहना कि आपसे अलग रहकर प्रसन्न रहूँगी। आत्मा अपने परमात्मा से विलग होकर नाना कष्ट उठाती है और इसीलिए उसे भक्ति और आस्था के मार्ग पर चलने को कहा जाता है, ताकि कष्ट कम हो। आपका प्रेम मेरे हृदय में भक्ति और आस्था के समान है।''

ज्योतिबा ने अपनी प्राणप्रिया को प्रेमपूर्वक अपने अंकपाश में भर लिया।

□

11

ज्योतिबा का घोर अपमान

ज्योतिबा फुले जिस मित्र के विवाह में सम्मिलित होने शीतलवाड़ी गाँव गए थे, वह जाति से ब्राह्मण था। इन दोनों की मित्रता संयोग से पुणे में हुई थी और समान विचारों ने परस्पर दोनों को प्रभावित किया। ब्राह्मण-पुत्र राजा राममोहन राय के 'ब्रह्मसमाज' का अनुयायी था और जातीय समभाव के लिए सभाओं में अपने विचारों से इस कुप्रथा की घोर आलोचना करता था। ऐसी ही एक सभा में सगुणाबाई के साथ गए ज्योतिबा फुले उनके विचारों से प्रभावित हुए और परस्पर बातचीत होने के बाद मैत्री हो गई, जो अब हर मुलाकात पर प्रगाढ़ होती गई।

ब्राह्मण-पुत्र विष्णुशास्त्री शीतलवाड़ ज्योतिबा के व्यक्तित्व से इतना प्रभावित था कि वह उसकी प्रशंसा अपने लोगों में भी करता रहता था। अपने विवाह के अवसर पर उसने ज्योतिबा को विशेष निमंत्रण दिया था। जब ज्योतिबा पहुँचे तो वह बड़ी आत्मीयता से मिला और उनका परिचय अपने अन्य मित्रों से भी कराया। आकर्षक व्यक्तित्व, सुदृढ शरीर और मिलनसार ज्योतिबा जिससे भी मिले, सभी उनसे प्रभावित हुए। यद्यपि विष्णुशास्त्री ने किसी को उनका जातिगत परिचय नहीं दिया था, अन्यथा संभव था कि ज्ञान और शुचिता पर एकाधिकार मानने वाले महान् ब्राह्मण वर्ग लोग उनसे सीधे मुँह बात भी न करते।

बारात चलने को तैयार थी। कई बैलगाड़ियाँ, रथ और पालकियाँ तैयार थीं। पालकियों में वर-पक्ष की कुछ स्त्रियाँ थीं और यह प्रथा केवल ब्राह्मणों में ही थी कि बारात में स्त्रियाँ भी जा सकती थीं। बाराती बैलगाड़ियों में बैठे थे। वर-पक्ष के रिश्तेदार रथों में शोभायमान थे। एक रथ में दूल्हा अपने पिता और विशेष रिश्तेदारों के साथ बैठा था। ज्योतिबा साधारण बाराती की भाँति एक बैलगाड़ी में ही बैठ गए। उसमें कुछ सवर्ण और कुछ ब्राह्मण थे, जिनमें से एक ने ज्योतिबा को पहचान लिया।

"अरे-अरे, यह कहाँ घुसा आ रहा है!" एक धर्मज्ञ ब्राह्मण ने बौखलाकर

कहा, "राम-राम-राम! इसने तो अपवित्र कर दिया। चांडाल! तेरा साहस कैसे हुआ?"

"चांडाल-महाराज यह तो वर का अभिन्न मित्र है।" किसी ने आश्चर्य से कहा।

"सत्यानाश! यह शूद्र और एक ब्राह्मण का मित्र! धर्म भ्रष्ट हो गया। ब्राह्मणों की पवित्रता भंग हो गई। अरे यह धनकवाड़ी का माली है! ब्राह्मणों का घोर विरोधी! यह इस बारात में हमारे साथ चलेगा? हम इस समारोह का बहिष्कार करते हैं। कहाँ है वर का पिता? अपना धर्म तो भ्रष्ट कर ही लिया, अब हमारे धर्म को भी भ्रष्ट करने चला है।"

क्षण भर में यह बात फैल गई कि बारात में एक शूद्र शामिल है। अब महान् ब्राह्मणों के क्रोध को सँभालना कठिन था। वर का पिता सबसे अधिक क्रोधित था और अपने बेटे को कोस रहा था, जिसने यह बात छुपाकर रखी। ज्योतिबा का अपमान हो रहा था। उन्हें धकेला जा रहा था, गालियाँ सुनाई जा रही थीं। कई लोग तो उन्हें पीटने तक को तैयार थे। अपमान की आग से जल रहे ज्योतिबा अपने होंठों को कुचले जा रहे थे।

"अब यदि ब्राह्मण का मित्र शूद्र होने लगा तो समझो कि धर्म रसातल की ओर चला गया। सब मर्यादाएँ समाप्त हो गईं। वेद, शास्त्र झूठे सिद्ध हुए। पंडितजी, हमें आपसे ऐसी आशा नहीं थी कि आप हमारी ऐसी दुर्गति कराएँगे। एक शूद्र को हमारी बैलगाड़ी में बिठा दिया। यदि इतनी ही आत्मीयता थी तो अपने साथ बिठाते।"

"माता तुलजा भवानी की सौगंध पंडितजी, हमें तो पता ही नहीं था कि यह शूद्र है। हमारे दुष्ट बेटे ने हमें इसका परिचय बड़े विद्वान् के रूप में दिया।" वर पिता ने दाँत पीसकर कहा, "हम तो वैसे भी बहुत व्यस्त रहे हैं। आप जानते ही हैं कि विवाह के कितने कार्य होते हैं। हमें क्षमा कर दीजिए। इस अपवित्र शूद्र को हम अभी धकियाकर भगाते हैं। क्यों रे दुष्ट! हमारा पुत्र तो मूर्ख था, पर तू तो जानता था कि धूल और सूर्य के बीच कितनी दूरी होनी चाहिए।"

"पिताश्री!" तभी वहाँ विष्णुशास्त्री गरजता हुआ आ गया, "खबरदार जो किसी ने मेरे मित्र को अपशब्द कहा। अपने आपको ज्ञानी, देवप्रिय और संसार में श्रेष्ठ समझने वाले आप लोग मानवता का अर्थ तक तो जानते नहीं। जिस धूल को आप हेय समझते हैं, वह आपका भोजन है। जिस सूर्य पर आपको अहंकार है, वह बिना भेदभाव के इन्हें भी प्रकाश और ऊष्मा देता है। यह जाति-पाँति आपने बनाई हैं, भगवान् ने नहीं। इस सृष्टि के सारे मानव एक ही ईश्वर की संतान हैं।

इनमें भेद उत्पन्न किया हमारे आडंबरियों ने।''

''अरे कुलकलंकी! तू किस अशुभ घड़ी में जनमा था, जो अपने कुल, वंश और समाज का द्रोही बन बैठा।'' वर पिता ने सिर पकड़ लिया, ''तू जन्म लेते ही क्यों न मर गया! यदि मुझे थोड़ा भी भान होता कि तू आगे चलकर कुल पर दाग लगाएगा, एक शूद्र को हमारे समकक्ष खड़ा करेगा तो हम तेरा गला दबा देते।''

''यह गला अब भी प्रस्तुत है। साहस करिए। दिखाइए कि अपने पुत्र का गला दबाने की महानता भी दिखा सकते हैं, तभी सिद्ध होगा कि हम ब्राह्मण धर्म पर कितने अडिग हैं।''

वर पिता बौखलाकर रह गए। ऐसे प्रश्नों के उत्तर उनके पास कहाँ थे।

''यह बहुत उद्दंड और मूर्ख है। जब से उन ब्रह्म समाजियों के झाँसे में फँसा है, इसकी बुद्धि किनारा कर गई है। यह एक शूद्र के लिए अपने पिता का अपमान कर सकता है। अपने समाज को अपवित्र कर सकता है। ईश्वर ही इस पापी का न्याय करेंगे। घोर नरक में जाएगा। पिता का हृदय दुखाकर संसार में कोई सुख से नहीं रह पाया।''

''सदा सत्य बोलने की पहली शिक्षा मुझे आपने दी! चींटी से भी प्रेम करने का पाठ मुझे आपने पढ़ाया। आज मानव से प्रेम भी आपको पाप लग रहा है।'' विष्णुशास्त्री ने तिक्त स्वर में कहा, ''यह कैसा भेदभाव है, कैसी शिक्षा है! कैसा ब्राह्मणत्व है! वे कौन से ग्रंथ हैं, जो ज्ञान के नाम पर कथनी और करनी में इतना अंतर बताते हैं कि मानवता भी विस्मृत कर दी जाती है।''

विष्णुशास्त्री की बात सुनकर वहाँ सन्नाटा छा गया, लेकिन अब कुछ भी कहने या सुनने के बजाय ज्योतिबा मलिन मुख लिये घर लौट आए।

□

12

अपमान से अनमोल प्रेरणा

ज्योतिबा के मन में अंतर्द्वंद्व चल रहा था। कल की घटना ने उनके अस्तित्व को ही हिलाकर रख दिया था। अपमान की ऐसी भयानक पीड़ा का सामना उन्हें कभी नहीं करना पड़ा था। आज तक उन्होंने सुना था और कई बार देखा भी कि दलित को अकारण भी अपमानित करने के अधिकार सवर्णों ने ले रखे थे। जिस प्रकार जानवर के साथ मनमाना व्यवहार किया जा सकता है, वैसा ही सवर्णों द्वारा शूद्रों के साथ किया जा रहा था। क्या ईश्वर ने कुछ मानवों को इतने अधिकार दे रखे हैं कि वे कुछ मानवों के साथ अमानवीय व्यवहार करें। ऐसा हो तो नहीं सकता था। ईश्वर के विषय में तो यही सुना गया था कि वह सर्वप्रिय है और समदृष्टा है, फिर मानव समाज के बीच इतनी असमानता किसने भर दी! कहाँ से उत्पन्न हुई यह विषमता! इन सब अनुत्तरित प्रश्नों ने ज्योतिबा को मथ दिया।

ज्योतिबा की उदासी, विकलता और सूनी आँखों ने उनकी पत्नी को चिंतित कर दिया। वह कम-से-कम तीन दिन के समारोह में गए थे और चौबीस घंटे में ही घर लौट आए थे। अवश्य ही उनके साथ कुछ असाधारण घट गया है। सावित्रीबाई ने अवसर मिलते ही ज्योतिबा की आँखों में आँखें डाल दीं। ज्योतिबा के चेहरे पर पीड़ा के भाव उभरे और नेत्र सजल हो उठे।

"स्वामी!" आशंकित सावित्रीबाई ने उनका हाथ थाम लिया, "क्या हुआ?"

"बाई! ऐसा तो कुछ नहीं हुआ, जो कभी किसी के साथ हुआ ही न हो। यह तो होता आ रहा है। यह हमारे पुरखे-पूवजों द्वारा संचित वह प्रसाद है, जो हमें रोज कहीं-न-कहीं चखना पड़ता है। कभी किसी को तो कभी किसी को।" ज्योतिबा ने नम स्वर में कहा, "यह तो स्थापित और दृढ़ व्यवस्था है, परंतु आज जब मैं स्वयं भुक्तभोगी हुआ तो पीड़ा कई गुना अधिक हो गई है। किसी ने सच ही कहा है, जिसकी बिवाई न फटी, वह पराई पीर क्या जाने! अभी तक सुनता भर

था कि दलितों को मनुपुत्रों द्वारा अपमानित करना साधारण बात है, पर कल स्वयं देख लिया कि इन धर्माचारियों और समाज के ठेकेदारों ने किस प्रकार दलित को जानवरों की श्रेणी में रख रखा है।''

''ऐसा क्या हुआ, स्वामी ?'' सावित्रीबाई कँपकँपाई।

ज्योतिबा ने सारी बात अपनी पत्नी को बता दी। सावित्रीबाई का हृदय भी अपमान की उस पीड़ा से व्यथित हो उठा। कोई सुशीला, पतिव्रता कैसे अपने पति के अपमान पर व्यथित न होती, परंतु वह विदुषी भी थी। समय की पहचान उसे बहुत थी और परिस्थितियों के अनुसार बात करना उसे आता था।

''स्वामी! आप इतने निर्बल कैसे ?'' सावित्रीबाई ने कहा, ''तो क्या अब तक दलितों पर हो रहे अत्याचार आपको किस्से-कहानियाँ लगते थे। दो हजार साल से चली आ रही रूढ़िवादी और अस्पृश्यता पर आपको तब विश्वास आया, जब आप उसके शिकार हुए। प्रतीत होता है कि इससे पूर्व आप इन बातों को मानते ही नहीं थे।''

ज्योतिबा इस नए दृष्टिकोण पर स्तब्ध रह गए।

''स्वामी! आपके साथ ठीक वही हुआ है, जो आपके पुरखे हजारों सालों से सहते आ रहे हैं। जाति व्यवस्था का यह डंक आपको आज लगा है, जबकि यह तो नागफनी की तरह समूचे दलित समाज के आसपास बिखरा पड़ा है। आपको तो सब ज्ञान है, फिर व्यक्तिगत अपमान पर ही इतना क्षोभ क्यों ? क्या स्वयं को दलित नहीं मानते या दलितों में श्रेष्ठ मानते हैं या मनुपुत्रों के समकक्ष मानते हैं, फिर यह व्यथा क्यों! यह तो उसी सिलसिले की एक कड़ी भर है, जो चला आ रहा है और जब तक इसे रोकने के सघन प्रयास न किए जाएँगे यह चलता ही रहेगा। यह व्यवस्था न सौ-दो सौ साल में परिपक्व हुई है और न इतने सालों में ध्वस्त होगी। कोई आज आरंभ करे तो कई पीढ़ियों बाद इसके सार्थक परिणाम दिखाई देंगे।'' सावित्रीबाई ने कहा।

''तुम ठीक कहती हो बाई! यह पीड़ा व्यक्तिगत नहीं है। यह एक बड़े वर्ग की पीड़ा है। जब भी इसकी नींव रखी गई होगी, तब से आज तक जाने कितने ज्योतिबा इसके शिकार हुए होंगे। इन ब्राह्मणों ने अपनी श्रेष्ठता सिद्ध करने और अपने वंशजों का हित करने के लिए ऐसे आडंबर रच दिए हैं कि इन्हें भाव और अभाव से परिचय नहीं होता।''

''उन्होंने जो किया, अपने दृष्टिकोण से ठीक ही किया। मानव स्वभाव ही यह है कि वह अपने पुत्रों, वंशजों के लिए ऐसी धरती छोड़कर जाता है, जिससे उनके

वंशज कभी कष्ट न पाएँ। ज्ञान, धन, परिपाटी और सुरक्षित परंपराएँ देकर अपनी पीढ़ियों को ऐश्वर्य देने की अभिलाषा किस कौम में नहीं होती। इसमें ब्राह्मणों ने देखा कि शेष तीन वर्णों में अधिक समय तक उनके नियमों को कौन स्वीकार करेगा तो जाना कि जो अज्ञानी होगा, जो अशिक्षित होगा और जो भयभीत होगा। क्षत्रिय और वैश्य बहुत अधिक दिन तक ब्राह्मणों के प्रभाव में नहीं रह सकते तो शूद्र को ही निशाना बनाया। उसके आसपास नियमों, रिवाजों, प्रतिबंधों और वर्जनाओं की इतनी दीवारें खड़ी कर दीं कि वह ज्ञान, शिक्षा से न तो एक प्रहार से ध्वस्त होंगी और न ऐसा सोचना उचित है। इन पर निरंतर धीरे-धीरे प्रहार करते रहने होंगे। यह पुरखों का अधिकार-युद्ध कभी वंशजों द्वारा निर्णायक स्थिति में पहुँचेगा।''

ज्योतिबा मुँह बाए अपनी विदुषी पत्नी को देखते रह गए।

''विडंबना तो यह है कि इस जगत् में दलित और नारी सबसे दुखी हैं, फिर भी न कोई दलित और न कोई नारी इस स्थिति से विद्रोह करते हैं। यदि इस व्यवस्था से कोई विद्रोह करता है तो सवर्ण करता है, ब्राह्मण करता है और हम उसके साथ कंधे-से-कंधा मिलाकर भी खड़े नहीं होते। उनके विचार सुनने का समय नहीं है हमारे पास।''

''किसने...किस ब्राह्मण ने किया?''

''आप अपने अपमान से इतने व्यथित हैं कि अपने मित्र के त्याग, मित्रधर्म निर्वाह व्यवस्था के प्रति आक्रोश को भी विस्मृत कर बैठे हैं। इन महान् समाजसुधारक ब्राह्मणों में श्रेष्ठ श्री राजा राममोहन राय को ही भूल गए, जिन्होंने कुप्रथाओं के विरुद्ध शंखनाद किया और कितनी ही कुप्रथाएँ समाप्त करने में महती भूमिका निभाई।''

''आश्चर्य है! तुम घर से बाहर जाती नहीं हो, विद्यालय कभी नहीं गई, फिर भी इतना गूढ़ ज्ञान तुम्हें कहाँ से प्राप्त हुआ?'' ज्योतिबा आश्चर्य से बोले।

''स्वामी! ईश्वर बड़ा दयालु है। वह मानव जन्म देता है तो उसकी रुचि, स्वभाव और आवश्यकता के अनुसार व्यवस्था भी करता है।'' सावित्रीबाई हँसकर बोली, ''विवाह से पूर्व मेरी माता ने मुझे ज्ञान दिया। अब देवी स्वरूपा सगुणा दीदी मुझे ज्ञान देती हैं।''

''बाई! यह मेरा सौभाग्य है कि तुम जैसी जिज्ञासु विदुषी मेरे जीवन में आई। ईश्वर ने कई प्रकार से मुझे अपनी कृपा से अभिभूत किया है। दलित समाज में भी जन्म दिया तो एक संपन्न घर में दिया। अत्यंत स्नेहशील भाई और पिता दिए। असमय माता न रही तो सगुणाबाई के रूप में ममता का अनंत सागर दिया और

सबसे बड़ा उपहार तुम्हारे जैसी सुलझी हुई पत्नी दी।''

''स्वामी! ईश्वर ने सबसे बड़ी कृपा तो दलित घर में जन्म देकर की है, क्योंकि इसी में अवसर है कि मानव जन्म सार्थक हो सके। समय बदल रहा है। परिवर्तन के संकेत आ रहे हैं। परिवर्तन होगा। मानव निर्मित कोई भी व्यवस्था स्थायी नहीं होती। यह व्यवस्था भी परिवर्तित होगी, पर इसका यश किसे मिलेगा, कौन इतिहास के पन्नों पर स्वर्णाक्षरों में अपना नाम अंकित करेगा, यह तय होना शेष है।''

ज्योतिबा विद्वान् न सही, पर वैचारिक दृष्टिकोण उनके पास भी था, परंतु वे आश्चर्यचकित थे सावित्रीबाई के विचारों को सुनकर। भूत, भविष्य और वर्तमान पर उसकी विश्लेषण क्षमता अद्‌भुत थी।

''मान और अपमान लक्ष्य के प्रति दृढ़ता को शक्ति देते हैं। इन्हें केवल मानवकृत न समझना चाहिए, यह कालकृत होते हैं। समय ही किसी की जिह्वा पर बैठकर ऐसे हालात उत्पन्न करता है कि आने वाला समय निर्णायक हो। साधारण मानव उस अपमान से दग्ध होकर स्वयं को जलाता रहता है, परंतु असाधारण मानव इस विष के घूँट को कंठ से नीचे उतारकर उसे अपनी शक्ति बना लेते हैं। स्वामी, यह युग-परिवर्तन का समय है। इसका सदुपयोग करें।''

''तुम्हारी एक-एक बात अनमोल है, बाई! तुम्हारे द्वारा मेरे हृदय में उतारा गया लक्ष्य अब मेरे नेत्रों के सम्मुख है। अब मैं इसी के अनुसार अपनी वैचारिक शक्ति का विस्तार करूँगा। तुम मेरी सारथी बनोगी?''

''स्वामी! आप मेरे मार्गदर्शक बनें तो मैं सारथी बनने के लिए प्रस्तुत हूँ।''

ज्योतिबा ने हँसकर उसे अपने अंकपाश में भर लिया।

□

13

दलित नारी शिक्षा की प्रथम पाठशाला

सन् 1846 तक ज्योतिबा फुले ने बड़े ही मनोयोग से शिक्षा प्राप्त की। इस परिपक्व आयु में लगन के साथ शिक्षा प्राप्त करने में एक अलग ही अनुभव होता है। फुले ने स्कूली शिक्षा के साथ-साथ गहन स्वाध्याय भी किया। अनेक ग्रंथ पढ़ डाले और उनका सार समझने के लिए गहन चिंतन किया। कहीं भी उन्हें वह धर्म व्यवस्था ईश्वरीकृत पढ़ने को न मिली। अस्पृश्यता का जो घोर वातावरण आज के दौर में था, उसका एक भी उदाहरण ग्रंथों में न मिला। इससे उनके हृदय की यह धारणा दृढ़तर होती गई कि वर्तमान जातिगत व्यवस्था और इसमें समाया घोर दलित उत्पीड़न एक क्रमबद्ध और योजनाबद्ध धार्मिक कुचक्र है।

यह व्यवस्था उन भट्ट, भिक्षुओं और धर्माचार्यों का फैलाया आडंबर था, जो शारीरिक श्रम से विरक्त रहकर ऐश्वर्य को प्राप्त होना चाहते थे और इसके लिए शेष समाज पर अपने ज्ञान की मोहिनी डालकर उसे भ्रमित किए रखना चाहते थे कि संसार में ब्राह्मण श्रेष्ठ हैं, उसकी अवज्ञा और निरादर नरकों की गति को प्रदान करता है। ब्राह्मणों ने यह भी स्थापित कर रखा था कि केवल वही हैं, जो देवी-देवताओं से साक्षात्कार करते हैं और उनकी कृपा से श्राप तक देने की क्षमता रखते हैं। इन पाखंडों और आडंबरों ने शेष समाज को भयभीत किया हुआ था।

ज्योतिबा ने जान लिया था कि जब तक पीड़ित समाज इस सत्य से परिचित न होगा कि उसे मूर्ख बनाया जाता रहा है, तब तक वह उस भय से बाहर न आएगा और इसका एकमात्र माध्यम शिक्षा और सत्य का प्रचार-प्रसार था। इन अनुभवों ने ज्योतिबा के हृदय और मस्तिष्क में एक ऊर्जा भर दी थी। अब तक प्राप्त ज्ञान के आधार पर जो एक विशेष बात उन्होंने जानी थी, उसने उनके मन को और भी व्यथित कर दिया था। दलित से भी अधिक इस व्यवस्था ने नारी समाज को त्रास दिया था। नारी की दशा दलित से भी कहीं निम्नतम स्तर पर थी। उस पर भी नारी

दलित हो तो उसकी दीनता की कल्पना भी भयभीत करती थी।

ज्योतिबा ने दृढ़ निश्चय कर लिया कि वह इस आडंबर और अस्पृश्यता के उन्मूलन के लिए समर्पित होंगे। यद्यपि अभी वह स्वयं निर्धारण नहीं कर पाए थे कि दलित उत्पीड़न के किस बिंदु का निश्चय करके कार्यक्षेत्र में उतरा जाए। यह बात उन्हें सावित्रीबाई फुले ने समझाई।

''जिस प्रकार समस्त रात्रिचरों को प्रकाश की एक किरण भी भयभीत करती है, उसी प्रकार समाज में व्याप्त सभी कुप्रथाओं को समाप्त करने का अमोघ अस्त्र शिक्षा है।'' सावित्रीबाई ने कहा, ''शिक्षा ही किसी भी समाज को वैचारिक शक्ति देने में सक्षम होती है और जिस समाज में विचारवान लोग होते हैं, वहाँ क्रांति-स्वर फूटने लगते हैं। यही क्रांतियाँ परिवर्तन की वाहक होती हैं।''

''परंतु हमारे समाज में यह धारणा व्याप्त है कि शूद्र का अधिकार नहीं है कि वह शिक्षा प्राप्त करे।'' ज्योतिबा ने असमंजस में कहा, ''शूद्र शिक्षा प्राप्त करेगा तो घोर नरक में जाएगा, ऐसी अवधारणा गहरे तक पैठी है। ऐसे में शिक्षा का आरंभ भी किया जाए तो कैसे किया जाए?''

''स्वामी! किसी भी कार्य का शुभारंभ उसकी प्रवृत्ति के अनुसार किया जाता है।'' सावित्रीबाई ने गंभीर स्वर में कहा, ''आप इस समाज की दरिद्रता से जूझना चाहते हैं तो आपको इन धारणाओं, अवधारणाओं से दूर रहना होगा। उफनती नदी के माँझी का विश्वास तब जमता है, जब वह कुछ को उस पार पहुँचा देता है। आप किसी और को शिक्षित करने जाएँगे तो लोग आपकी बात गंभीरता से नहीं लेंगे, क्योंकि उनके मन और मस्तिष्क इस तरह व्यवस्थित हैं कि कोई अपना उन्हें विद्रोह के मार्ग पर ले जा रहा है तो वह पातकी है। अत: आप अपने स्वप्न का शुभारंभ स्वयं से करें।''

''ज्योतिबा ने गहरा मनन किया तो जाना कि इस देश में दलित और नारी शिक्षा के सभी प्रयास असफल हुए हैं। दलित और नारी शिक्षा वर्जित करने का प्रचार इतना व्यापक रहा था कि इस दिशा में किए गए सभी प्रयास असफल रहे थे। सन् 1829 में इंग्लैंड से आई मिस कुक ने नारी शिक्षा की आवश्यकता को देखते हुए भारत में इस दिशा में सार्थक कदम उठाए थे। उन्होंने एक अंग्रेज अधिकारी मिस्टर विल्सन से विवाह किया और फिर स्त्री शिक्षा के लिए लगातार छह स्कूल खोले। यह भारतीय ब्राह्मणवाद का प्रभाव था या स्त्री जाति का दुर्भाग्य कि उनके छह स्कूलों में केवल छह लड़कियाँ पढ़ने आती थीं और वे भी अत्यंत गुप्त रूप से।''

भारतीय समाज न नारी शिक्षा के प्रति उत्साहित था, अपितु ऐसे प्रयास भी

कभी नहीं हुए थे। मिसेज विल्सन ने जब प्रयास किए तो जाना कि ब्राह्मणवाद के कठोर नियमों को तोड़ने का साहस न भारतीय नारी में था और न भारतीय पुरुष में। इससे भी बड़ा कटु अनुभव उन्हें पूना में हुआ, जब उन्होंने नारी-शिक्षा केंद्र के लिए छात्राओं की खोज में इधर-उधर हाथ-पैर मारे और घोर अपमान, तिरस्कार तथा बहिष्कार सहा। मिसेज विल्सन को इतने कटु अनुभव हुए कि उन्होंने इस दिशा में सोचना ही छोड़ दिया।

सन् 1932 में ब्रिटिश शासन ने शिक्षा के प्रसार के लिए पुणे में विद्यालय खोलना एक चुनौती की तरह लिया और पुणे के बुधवार पाड़ा में एक शिक्षा केंद्र स्थापित किया। शासन, प्रशासन और स्थानीय निकायों के भरसक प्रयासों से एक भी छात्र भी इस विद्यालय में पढ़ने नहीं आया। इस तरह ये प्रयास असफल होकर खटाई में पड़ गए। न तो समाज इस दिशा में उत्सुक था और न ऐसे प्रयासों को समर्थन मिल रहा था।

विडंबना यह थी कि मिशनरीज स्कूल इस दिशा में सफल हो रहे थे। सवर्णों के नौनिहाल इन स्कूलों में ब्राह्मणों को हाशिए पर रखकर शिक्षा प्राप्त कर रहे थे। मनुपुत्रों की भुजाओं का पाशविक बल इन श्रेष्ठ ब्राह्मणों को भी भयभीत कर रहा था। स्थिति में 'गीता ज्ञान' के अनुसार परिवर्तन हो रहा था, परंतु दलित समाज न इससे सीख रहा था और न सीखने की इच्छा प्रकट कर रहा था।

यह वह समय था, जब भारत में कंपनी सरकार ने हस्तगत नीति को लागू कर दिया। यह देश का दुर्भाग्य था या शासकों की विलासिता कि भारत की अधिकांश रियासतों में उत्तराधिकारी का संकट मँडराने लगा था। दत्तक पुत्रों का कानून कंपनी सरकार में अमान्य की स्थिति में आ गया था।

सतारा रियासत भी उत्तराधिकारी के संकट से जूझ रही थी और अंग्रेजों की कुदृष्टि इस रियासत पर भी थी। रियासती शासकों ने किसी भावी संकट से सचेत होते हुए स्वहित में काम किया था और न प्रजाहित में। शिक्षा की ओर यदि कुछ ध्यान दिया गया तो ईसाई मिशनरीज द्वारा ही दिया गया और इसमें भी एक विशेष नीति का हस्तक्षेप था। मिशनरीज भारत में ईसाइयत का प्रचार-प्रसार कर रही थीं। यद्यपि मिशनरीज के स्कूलों को अधिक सफलता न मिल पा रही थी। सतारा रियासत में तो इनका बहिष्कार कुछ ज्यादा ही हुआ था। मिशनरीज दलित शिक्षा और नारी-शिक्षा के लिए स्कूल खोलतीं, मगर धर्माचार्यों के प्रबल विरोध से या तो छात्र न मिलते या अध्यापक न टिकते। सन् 1844 में यूरोपीय स्कॉटलैंड मिशन का विद्यालय मंगलवार पेठ में भी खोला गया, जो भरसक प्रयासों के बावजूद सन्

1847 में बंद हो गया। इस प्रकार कहा जा सकता है कि पुणे में शिक्षा का अलख जगाना निहायत ही कठिन कार्य था और फुले दंपती इसी पर विचार कर रहे थे।

तभी सगुणाबाई आ गईं और अपने भाई को देखकर बड़ी प्रसन्न हुईं। इधर-उधर की थोड़ी सी बातें हुईं और फिर इसी विषय पर बातें होने लगीं।

"आई!" ज्योतिबा ने कहा, "मैं शिक्षा के माध्यम से समाज में जागृति लाने का इच्छुक हूँ। इसका आरंभ कैसे किया जाए?"

"इसमें क्या कठिनाई है, भाऊ। तुम पढ़-लिखकर अध्यापक बन आए हो और अब तुम्हें छात्रों की जरूरत है। तुम्हारी दो छात्राएँ तो सामने ही बैठी हैं। शुभारंभ कर दो, फिर खरबूजे को देखकर खरबूजे रंग बदलना शुरू कर देंगे।"

"मैं, और आपको पढ़ाऊँ?" ज्योतिबा ने आश्चर्य से कहा।

"इसमें आश्चर्य कैसा?" सगुणाबाई ने कहा, "हमें शिक्षा की आवश्यकता है और तुम्हारे पास शिक्षा देने की सामर्थ्य है या सोच रहे हो कि हम स्त्रियाँ हैं। बेटा, किसी समाज को बदलना है तो उस समाज की स्त्रियों को शिक्षित करना आवश्यक है। शिक्षित माताएँ ही समाज को संस्कारवान पुत्र देती हैं।"

"यह आप सत्य कह रही है आई! आज से आप दोनों हमारे इस लक्ष्य की प्रथम छात्राएँ हुईं।" ज्योतिबा ने घोषणा की।

अगले ही दिन खेतों पर अमराई की छाँव में अस्पृश्य नारी की शिक्षा की पहली प्रयोगशाला स्थापित हुई, जिसमें ज्योतिबा फुले अध्यापक बने और सगुणाबाई व सावित्रीबाई फुले पहली छात्राएँ हुईं। यह महाराष्ट्र में दलित नारी शिक्षा का पहला और ऐतिहासिक प्रयास था। साधनों का अभाव था और आम की लकड़ी कलम बनी और जमीन को लेखन पट्टिका बनाया गया। अक्षर-ज्ञान आरंभ हो गया और इसी के साथ आरंभ हुआ गाँव भर में चौपालों का सिलसिला। कानाफूसी होने लगी। गाँव की औरतें दाँतों में पल्लू दबाने लगीं। पुरुषों में किसी भावी संकट पर चर्चाएँ होने लगीं और सवर्णों में उपहास भरे चुटकुले सुनाए जाने लगे। इन सबसे बेफिक्र वह छोटी सी पाठशाला चलती रही।

□

14

नारी शिक्षा का विधिवत् शुभारंभ

'विदुषी माता की कोख से ही विद्वान् पुरुष जन्म लेते हैं।' इस विचार को आगे रखकर ज्योतिबा फुले ने नारी-शिक्षा की दिशा में कदम बढ़ा दिए थे। उनकी दोनों ही छात्राएँ बहुत जिज्ञासु और ज्ञानग्राही निकलीं, अल्प समय में ही अक्षर-ज्ञान प्राप्त कर लिया। अक्षर-मात्रा आदि का ज्ञान होने से पढ़ना-लिखना भी शीघ्र ही आ गया। सावित्रीबाई ने जब पढ़ना-लिखना सीख लिया तो उन्होंने सबसे पहले वह ईसाई पुस्तक पढ़ी, जो उन्हें ईसाई पादरी ने बिस्कुट के साथ दी थी और जिसके कारण उनके पिता को धर्माचार्यों की भली-बुरी सुननी पड़ी थी। इसके बाद तो उन्होंने ढेर सारी पुस्तकें पढ़ डालीं। ज्योतिबा और सगुणाबाई यहाँ-वहाँ से पुस्तकें लाते, जिनमें भारतीय दर्शन, राजनीति, समाज और इतिहास की पुस्तकें होती थीं। इनसे जो ज्ञान प्राप्त हुआ, उससे उन्हें समाज में व्याप्त प्रथा-कुप्रथा के विषय में पता चला।

सन् 1848 में सतारा को अंग्रेजी शासन में विलय कर लिया गया। बहुत हो-हल्ला हुआ, परंतु कंपनी सरकार के नियमों के आगे कोई अपील न सुनी गई। इसी वर्ष 1 जनवरी, 1848 को ज्योतिबा फुले ने नारी-शिक्षा का विधिवत् शुभारंभ किया। इसके लिए उन्होंने कई माह पूर्व ही तैयारी शुरू कर दी थी। पुणे में उन्होंने एक सहृदय ब्राह्मण तात्यासाहब भिड़े से इस विषय में बात की तो उन्होंने सहर्ष इस महान् कार्य की प्रशंसा करते हुए हर प्रकार से सहयोग देने की बात कही। उन्होंने इस कार्य से कुछ और लोगों को भी जोड़ लिया। विद्यालय खोलने के लिए स्थान पर विचार हुआ तो तात्यासाहब भिड़े ने अपार दयाशीलता और मानवता दिखाते हुए अपनी हवेली को बिना किराया लिये उसमें विद्यालय खोलने की इजाजत दे दी, साथ ही उन्होंने विद्यालय को प्रतिमाह पाँच रुपया चंदा देने की घोषणा की। स्कूल आरंभ करने के लिए जो आवश्यक सामान था, उसके लिए उन्हीं सहृदय

ब्राह्मण ने सौ रुपए दिए और 1 जनवरी, 1848 को पुणे, महाराष्ट्र में पहला विधिवत् विद्यालय खोल दिया गया, जिसमें गिनती की 6 लड़कियों ने पहले दिन प्रवेश लिया। ये सभी छात्राएँ ज्योतिबा के परिचित मित्रों की पुत्रियाँ थीं, पढ़ाई के लिए जिन्हें बड़ी कठिनाई से प्रेरित किया गया था।

इस प्रथम विद्यालय में ज्योतिबा ने स्त्री-शिक्षिका के रूप में सावित्रीबाई का सहयोग लिया। तात्यासाहब भिड़े का प्रभाव भी बहुत काम आया, जिनके कारण इन छह छात्राओं में चार छात्राएँ ब्राह्मण थीं। इन छात्राओं की आयु 4 से 6 साल के बीच थी। सावित्रीबाई ने शीघ्र ही दिखा दिया कि वह जितनी जिज्ञासु छात्रा रही थीं, उतनी ही कुशल अध्यापिका भी थीं। उन्होंने उन छात्राओं से पहले मातृवत् संबंध स्थापित किया और बहुत ही स्नेहपूर्वक उन्हें अक्षरज्ञान कराने लगीं। धीरे-धीरे पुणे में इस विद्यालय की चर्चा हुई और फुले दंपती के प्रयासों से छात्राओं की संख्या में वृद्धि होने लगी। जो अभिभावक पहले डरते थे, अब फुले दंपती के प्रयासों से अपनी बेटियों को विद्यालय भेजने लगे। विद्यालय की प्रशंसा होने लगी, जिसमें निरंतर वृद्धि होती रही। कंपनी सरकार के कई अधिकारी इस कार्य की प्रशंसा करते देखे गए।

इसी के साथ भट्ट-भिक्षु और धर्माचार्यों का क्रोध भी इस विद्यालय और अध्यापकों की ओर मुड़ गया। धर्माचार्य सभाएँ करके लोगों को सचेत करने लगे कि अब धर्म की चहुँओर हानि होगी। स्त्री शिक्षित हुई कि पुरुष का स्थान निम्नतर हुआ। धर्माचार्य तो यह भी कहते कि दलितों ने सोच-समझकर पुरातन व्यवस्था से छेड़छाड़ की है और धर्म का नाश करने पर तुले हैं। शूद्र अब ब्राह्मणों की बराबरी करने का घोर पाप कर रहे हैं। ज्योतिबा को खलनायक सिद्ध करनेवाले दृष्टांत दिए जाने लगे। सवर्णों और ब्राह्मणों का आह्वान किया जाने लगा कि इन शूद्रों को घोर पाप का दंड दिया जाए। धर्माचार्यों का यह हो-हल्ला कुछ भी सफल न हुआ। स्त्री-शिक्षा के विरोध में उनके कुतर्क अब लोगों पर अप्रभावी हो रहे थे। इसका मुख्य कारण विद्यालय की छात्राओं की ज्ञान-प्रगति थी।

छात्राएँ इस विद्यालय से पढ़कर घर जातीं और अपने माता-पिता, पड़ोसियों को बड़े उत्साह से अपने अनुभव बतातीं, जिससे अन्य कन्याओं में भी शिक्षा के प्रति आतुरता बढ़ती और उनके अभिभावक भी प्रेरित होते। दूसरा मुख्य कारण तात्यासाहब भिड़े जैसे गण्यमान्य विद्वान् ब्राह्मण का इस विद्यालय को संरक्षण प्रदान करना था और तीसरा कारण भारत में चल रहे नवजागरण के प्रयास थे।

सनातनियों का विरोध सभाओं, कुतर्कों से प्रभावी न हुआ तो उनका अहंकार

और भी पसर गया। अब षड्यंत्र रचे जाने लगे। सनातियों को सबसे अधिक क्रोध फुले दंपती पर था, जिन्होंने सनातनियों की प्रथाओं पर प्रहार किया था और उस व्यवस्था और नियमों को चुनौती दी थी, जिसे पहले हजारों सालों से छेड़ने का साहस भी किसी ने नहीं किया था।

धनकवाड़ी के विट्ठलदास महाराज इस सनातन समिति के प्रमुख थे, जो ज्योतिबा को बचपन से ही नापसंद करते थे। इस समिति में पुणे और आसपास के क्षेत्रों के स्वयंभू विद्वान् स्वघोषित धर्माचार्य और कथित धर्मरक्षक सम्मिलित थे।

"यह सनातनी परंपरा को खुली चुनौती है। यह एक दलित-षड्यंत्र है।" महाराज विट्ठलदास ने कहा, "इससे समाज का अछूत शास्त्रों के विरुद्ध विद्रोह कर रहा है और विडंबना यह है कि कुछ लालची ब्राह्मण अपनी निजी पूजा के इच्छुक, इन दलितों के संरक्षक बन बैठे हैं। इन भ्रष्ट हो चुके ब्राह्मणों को ईश्वर कभी क्षमा नहीं करेगा, जो अपने वंशजों के सामने ऐसी दीवार खड़ी कर रहे हैं। एक ऐसा संकट खड़ा कर रहे हैं जिसमें न धर्म, न सम्मान और न शुचिता बचेगी। संसार में श्रेष्ठ ब्राह्मण समाज जिसे देवताओं के तुल्य माना और पूजा गया है, आने वाले समय में इन शूद्रों से अपमानित होगा। यह कीचड़ ब्रह्मसमाज को बुरी तरह अपवित्र कर देगा।"

"महाराज! संकट तो समझा दिया, पर कोई समाधान भी सोचिए।" एक स्थानीय धर्माचार्य ने कहा, "यह सब तो हमें भी आभास हो रहा है कि आने वाला समय ब्राह्मणों की कठिन परीक्षा लेगा।"

"केवल ब्राह्मणों की ही नहीं, इन सवर्णों की भी।" महाराज ने कहा, "इन क्षत्रियों को भी आने वाले समय में अपना धैर्य और सम्मान खोना पड़ेगा और शूद्रों के सामने मौन होकर रहने होगा। अभी तो अंकुर ही फूटा है, जिस दिन यह दरख्त बन गया, उस दिन सामाजिक व्यवस्था की श्रेणी पलट जाएगी।"

"महाराज! हमसे जो बन पड़ा, हमने किया। लोगों को धर्म की दुहाई दी, भविष्य के दुस्वप्न से परिचित कराया। दृष्टांत दिए। यहाँ तक कहा कि शूद्र की परछाई भर से धर्म भ्रष्ट होता है। ऐसे में उसके बराबर बैठने से तो घोर पाप होगा, परंतु कोई सुनता ही नहीं।" स्थानीय धर्मज्ञ ने कहा, "तात्यासाहब भिड़े ने लोगों पर ऐसा जादू किया है कि खुद हमारे बंधु-ब्राह्मण दलितों को गले लगाने को तैयार हैं।"

"समय बदल रहा है सज्जनो! धर्म की रक्षा हेतु सजग रहना होगा। कुछ भ्रष्ट ब्राह्मणों को छोड़कर समस्त सवर्ण सनातनियों को एकजुट होकर इस भावी संकट का हल निकालना होगा अन्यथा वह दिन दूर नहीं जब शूद्र हमारे सिर पर नाचेगा।"

''महाराज! हमने कहा न कि मार्ग दिखाइए।''

''जब स्थापित मार्गों से काम बनता न दिखाई दे तो ब्रह्मज्ञान कहता है कि कूटनीति का प्रयोग करना चाहिए। इस संसार में वामनपेंच की बड़ी महिमा है। यह कूटनीति ही है, जो आज से पहले आज और आज के बाद भी ब्राह्मणों की श्रेष्ठता को बनाए रखने में सहायक रही है। जब आचार्य चाणक्य का अपमान हुआ तो उन्होंने इस कूटनीति का प्रयोग करके शत्रुओं का विनाश किया। हमें भी ऐसा ही करना होगा। हमें समस्या की मूल में मट्ठा डालना होगा। इसके सूत्रधार का सर्वनाश करना होगा। उस माली के बेटे ज्योतिबा को अपनी ब्रह्मशक्ति से नष्ट करना होगा।''

''महाराज! आप पहेलियाँ बुझा रहे हैं। स्पष्ट करें कि हमें क्या करना है?''

''जैसे युद्ध में रथों के वेग को रोकने के लिए सारथी समाप्त कर दिए जाते हैं, उसी प्रकार इस शिक्षा संस्थान के अध्यापकों का हश्र करो। भयभीत कर दो उन्हें या समाप्त कर दो। ज्योतिबा को समाप्त करने की योजना तो मेरे मस्तिष्क में है। मेरे ही गाँव का एक दलित उससे किसी बात पर खार खाए बैठा है और मैं लोहे को लोहे से काटने की कूटनीति अपनाऊँगा। शेष काम आप लोग सँभाल लें।''

''शेष काम तो हम सँभाल लेंगे। उन स्त्रियों को तो हम ऐसा भयभीत कर देंगे कि वे पढ़ाना तो दूर हँसना-बोलना भी भूल जाएँगी। आपने सही मार्ग दिखाया है। जब तक ब्राह्मण की विद्वत्ता का भय व्याप्त न रहेगा, तब तक उसकी श्रेष्ठता को ऐसी ही चुनौतियाँ मिलेंगी।''

''फिर क्या है! भेड़ों के झुंड में सिंह की दहाड़ खलबली मचा देती है और कई भेड़ें तो वहीं मर जाती हैं। शेष भय से छुपने लगती हैं और बहुत समय तक बाहर निकलने का साहस नहीं कर पातीं, परंतु प्रहार सटीक होना चाहिए। जरा सी चूक से बड़ी-बड़ी कूटनीतियाँ विफ़ल हो जाती हैं।''

इसके बाद उस 'धर्म-सभा' में बड़े मनोयोग से अधर्म नीति तैयार होने लगी।

□

15

प्रबल साहस की प्रतिमूर्ति

सावित्रीबाई फुले बड़े ही स्नेह से छात्राओं को अक्षरज्ञान कराती थीं। उन्हें छोटी-छोटी कहानियों के माध्यम से व्यावहारिक ज्ञान कराती थीं। 'पंचतंत्र' की सभी कहानी उन्हें याद थीं और वे उनमें से चुन-चुनकर छात्राओं को कहानी सुनातीं। भारत की सामाजिक व्यवस्था पर वे प्रकाश डालतीं और सच्चे समाज और मानव के विषय में कहती थीं—

"जब तक हम इस बात का ज्ञान नहीं कर लेते कि मनुष्य एक ही ईश्वर की संतान हैं, तब तक ईश्वर का सही रूप समझना कठिन है। ईश्वर की पहचान की पहली शर्त यही है कि हमें मानना होगा कि हम सभी भाई-भाई हैं। जो लोग स्वयं को श्रेष्ठ समझकर कुछ लोगों को नीच मानते हैं, तुच्छ मानते हैं, अस्पृश्य समझते हैं, वे ईश्वर को नहीं जान सकते। ईश्वर ने जात-पाँत, अगड़े-पिछड़े या उच्च-नीच नहीं बनाए। यह उन्हीं स्वार्थी, स्वयंभू पाखंडियों का आडंबर है, जिन्होंने अपनी श्रेष्ठता और अपने वंशजों के हितों के लिए समाज के एक बड़े वर्ग को अस्पृश्य कर दिया। जब तक अस्पृश्यता रहेगी, तब तक किसी भी समाज का कल्याण संभव नहीं और कोई भी संस्कृति गौरवान्वित नहीं हो सकती।"

सावित्रीबाई के इन विचारों को छात्राएँ प्रचारित करती थीं। सनातनी जब इन विचारों को सुनते थे तो तिलमिला जाते थे। इतना ही नहीं, सावित्रीबाई को जब आभास हो गया कि छात्राओं के माध्यम से जागृति समाज में पहुँच रही है तो उनके शब्दों में और भी पैनापन आ गया। छात्राओं को उच्च वर्ग के उन स्वघोषित धर्मरक्षकों पर शब्द और विचारबाण चलाकर सावित्रीबाई ने सामाजिक व्यवस्था को बड़े ही दार्शनिक तरीके से समझाया—

"इन श्रेष्ठ, कुलीन और उच्च कहे जाने वाले लोगों ने दलितों को पिछले दो हजार साल से ज्ञान, शिक्षा, संपत्ति और सत्ता से वंचित रखा है। इन्हें किसी भी

योग्य ने समझते हुए केवल दास बनाकर रखा गया है। दलित को किसी भी श्रेणी में नहीं गिना। यही कारण रहा कि विदेशियों ने बार-बार आक्रमण करके इन श्रेष्ठों को पराजित किया। हमारे लोगों को इस योग्य भी न माना गया कि हम देश के शत्रुओं से भी जूझ मरते। परिणामस्वरूप उन मुट्ठी भर ब्राह्मणों की पराजय होती रही, जो रणांगण में तो जाते नहीं थे, युद्ध जीतने के दृष्टांत सुनाते थे। रण में क्षत्रिय और वैश्य पराजित होते रहे। इतिहास की यही सत्यता है। भारतवर्ष की जितनी भी पराजय हुई है, उनके लिए यही श्रेष्ठ लोग उत्तरदायी है, दलित नहीं। यह इन आडंबरियों की झूठी हनक नहीं तो क्या है कि दलित को युद्धास्त्र स्पर्श करने का भी अधिकारी नहीं माना गया। खुरपा, फावड़ा, कुदाल के अतिरिक्त कुछ न दिया और उनका प्रयोग भी निश्चित कर दिया। यह तो सीधी सी बात है कि जहाँ सांख्यबल ज्यादा होगा, वहाँ विजय की संभावना ज्यादा होगी। इन श्रेष्ठों ने इस छोटी सी बात को अपने अहंकार में नहीं समझा।''

सावित्रीबाई के इस सत्यशोधन ने जैसे सनातनियों के क्रोध की अग्नि में घी का कार्य किया और उनके पलटवार का षड्यंत्र रच गया।

एक दिन सावित्रीबाई विद्यालय जा रही थीं। जब वे मार्ग से निकलती थीं तो स्त्रियाँ उन्हें झाँक-झाँककर देखती थीं और पुरुष उस निर्भीक नारी की प्रशंसा करते थे। अपनी स्त्रियों को उलाहने देते हुए कहते थे—

''देखो! इसे कहते हैं स्त्री! शूद्र है, मगर चेहरे पर ब्राह्मणी जैसा ज्ञान का तेज है। चाल में कैसी शालीनता और रोब है। पढ़नेवाली लड़कियाँ बताती हैं कि यह बड़ी ही ममतामयी और स्नेहशील है। यह दलितों की शान है।''

यद्यपि ज्योतिबा फुले भी कई बार उसी मार्ग से गुजरते थे और स्त्रियों को भी अवसर मिल जाता था कि ''देखो! इसे कहते हैं पुरुष! शूद्र है, मगर चेहरे पर क्षत्रियों का सा तेज और ब्राह्मणों की सी आभा है। दलित समाज के उद्धारक हैं ये। सच्चे अर्थों में धर्मयुद्ध के प्रणेता यही हैं।''

उस दिन सावित्रीबाई चली जा रही थीं और लोग उन्हें आदर और आश्चर्य से देख रहे थे। हाथों में एक पुस्तक, एक दो समाचार-पत्र लिये सादगी की वह प्रतिमूर्ति अपने गंतव्य की ओर जा रही थी कि अचानक एक भयावह, कुरूप और राक्षसी चेहरे वाला आदमी उनके सामने आ गया। एकबारगी तो सावित्रीबाई भी घबरा गईं, पर शीघ्र ही उन्होंने स्वयं को सँभाला।

''क्यों री शूद्रा मालिन!'' वह बदमाश गुर्राया, ''तेरा काम फूलमाला बनाकर बेचना है या मास्टरनी बनना है। पैरों की जूती सिर पर चढ़ने की कोशिश कर रही है।

तू और तेरा आदमी अपनी जात-औकात भूल रहे हैं। पूजनीय ब्राह्मणों की बराबरी करना चाहते हैं। अरे, मलेच्छ कभी देवता बनते हैं। गधे कभी घोड़े बनते हैं।''

''भैया! आदमी भी पहले बंदर था, ज्ञान होते-होते आदमी बन गया। बिल्लियाँ शेर बन गईं। यह तो ज्ञान की बात है। ब्राह्मण भी जन्म के समय अज्ञानी ही होता है। उसे ज्ञान न दिया जाए तो वह भी शूद्र ही है।'' सावित्रीबाई ने बड़े धैर्य से कहा।

''व्यर्थ बकवास करती है, चांडालिन! तू मुझे जानती नहीं। शूद्रों की पिटाई में मेरा नाम सारे सतारा में गूँजता है। जो शूद्र अपनी जात-औकात भूलकर धर्म की हानि करता है, उसके लिए मैं कालपुरुष हूँ। तू स्त्री है, शूद्रा, चांडालिन है, तुझे स्पर्श करना मैं धर्मविरुद्ध समझता हूँ, इसलिए मौखिक चेतावनी दे रहा हूँ कि बस कर और लौट जा। अब यह किताब यही फेंक दे और घर जाकर फूलमाला बना। इसी में तेरी और तेरे आदमी की भलाई है। मेरा रौद्ररूप सामने आया तो तू रोती फिरेगी।''

''यह किताब मैंने तब भी नहीं फेंकी थी, जब मैं आठ साल की थी और सारा गाँव मेरे विरुद्ध था।'' सावित्रीबाई ने निर्भीक स्वर में कहा, ''तुम यह चेतावनी अपने पास रखो। ईश्वर ने तुम्हें मानव जन्म दिया है और दुर्भाग्य से डरावनी शक्ल दी है, जिसे अपनी क्रूरता से और भी भयावह बनाकर तुम हमें भयभीत करना चाहते हो। मानव से मानव डरते हों, यह कहीं नहीं लिखा।''

''तू इस तरह नहीं मानेगी।'' बदमाश ने दाँत किटकिटाए, ''मैं कहता हूँ कि तू मेरी बात मान ले। मैं बड़ा जल्लाद आदमी हूँ। जब मुझे क्रोध आ जाता है तो मैं नहीं देखता कि कौन सामने हैं। कई लोग मेरी पिटाई से नर्क गए हैं। यहाँ तेरी सहायता करने वाला कोई नहीं है। किसी में इतना साहस भी नहीं कि शांभापंत के सामने आए। यहाँ सब तमाशबीन हैं, इसलिए अब तू अच्छी स्त्री की भाँति मेरा भय मान।''

''मैं किस अपराध से भय मानूँ? भय की उत्पत्ति अपराध-बोध से होती है या कायरता से। मैं इन दोनों से मुक्त हूँ। तुम्हारा यह दुर्व्यवहार मुझे भयभीत नहीं कर सकता। मैं तुम्हें परामर्श देती हूँ कि इस जीवन को मानवहित में व्यतीत करो। अब तक जितने भी अपराध किए हैं, उनसे मुक्त होने के प्रायश्चित का यही उचित समय है। मानव बनकर जियो। मानव से प्रेम करो। मानवता को धर्म समझो। उन व्यर्थ के विवादों में मत पड़े रहो, जिनसे मानवता का अहित हुआ है। 'सब पढ़ें, सब बढ़ें' का अनुसरण करके इस संसार को सुंदरतम बनाने में अपना योगदान दो। यही समाज की आवश्यकता है। देश पराधीन है और यह पराधीनता वर्ण नहीं

देखेगी। ब्राह्मण का ज्ञान, क्षत्रिय का बल, वैश्य का धन और दलित का श्रम यदि एकजुट नहीं हुए तो सबको गोरों के चरणों में सिर झुकाना होगा।''

''शांभापंत को ठीक ही बताया गया था कि तू बहुत ढीठ स्त्री है। तुझसे बातों में जीतना कठिन है, क्योंकि तू लातों की भाषा समझती है। शूद्र का दिमाग उड़ने लगे तो उसे जूतों से मारना चाहिए।'' शांभापंत ने क्रूर स्वर में कहा, ''आज इस स्थान पर तेरी वह दशा करूँगा कि फिर कोई शूद्रा कभी ऐसा साहस नहीं करेगी। तुझे छोटे-मोटे दंड से समझ नहीं आने वाली, इसलिए तेरा चीरहरण ही करना होगा।''

सावित्रीबाई मन-ही-मन घबरा उठीं। भीड़ तो चारों ओर थी, परंतु कहीं से भी उस क्रूर, अभद्र और व्यभिचारी व्यक्ति को फटकारने वाला स्वर न उभरा। वह कातर भाव से उस भीड़ को देख रही थी, जिसमें ब्राह्मण भी होंगे, क्षत्रिय भी होंगे और शूद्र भी होंगे, मगर स्त्री-रक्षा को प्रेरित कोई न लगता था। भेड़िया हिरनी की ओर भुजाएँ फैलाए बढ़ रहा था। उसकी आँखों में घोर क्रूरता थी।

सावित्रीबाई ने मन-ही-मन तुलजा भवानी का स्मरण किया और साहस बटोरकर मोटी जिल्द की पुस्तक को बड़े वेग से उस दुष्ट के चेहरे पर दे मारा। यह अप्रत्याशित आक्रमण था, जिसने उस दुष्ट की नाक को घायल किया और वह बिलबिलाकर दोनों हाथों से चेहरा ढाँपकर बैठ गया। बस सावित्रीबाई का साहस बढ़ गया और वह उस पुस्तक को ही अस्त्र बनाकर उस पर टूट पड़ीं। सिंहनी की तरह बिफरी उस नारी का क्रोध उस बदमाश को आज नारी-शक्ति का परिचय करा रहा था। वह बचकर भागने लगा तो भी सिंहनी कुछ दूर तक उसके पीछे दौड़ी। लोगों के नेत्र आश्चर्य से फटे रह गए। ऐसा दृश्य कभी देखने में नहीं आया था। यह एक नारी के आक्रोशित विद्रोह का नमूना था। सावित्रीबाई फुले ने सिद्ध कर दिया था कि स्त्री अबला नहीं, सबला है, शक्तिपुंज है और प्रबल साहस की प्रतिमूर्ति है।

□

16

शक्तिस्वरूपा सावित्रीबाई

यह घटना सारे शहर में चर्चा का विषय बन गई थी। शांभाराव पंत सारे शहर में ढूँढ़े न मिल रहा था। सनातनियों के नथुने क्रोध से फड़क रहे थे और अपमान की क्षुब्धता आँखों से झलक रही थी। वहीं नारी समाज में, विशेषकर दलित नारी समाज में इस अद्‍भुत शौर्य ने विचित्र सी चेतना भर दी थी। सावित्रीबाई फुले आदर्श नायिका की तरह श्रद्धेय हो चली थीं। जब ज्योतिबा फुले को यह समाचार मिला तो पहले वे भी स्तब्ध रह गए, फिर उनका सीना भी गर्व से चौड़ा हो गया। यह तो वे जानते थे कि उनकी पत्नी साधारण नारी नहीं थी, परंतु इतनी असाधारण थी, इसकी उन्होंने कल्पना भी नहीं की थी। दुस्साहस की सीमा को लाँघती यह निर्भीकता वास्तव में आश्चर्यचकित कर देनेवाली थी, परंतु इससे एक आशंका ने जन्म ले लिया था। यह अमानवीय व्यवहार न पहला था और न अंतिम। पूर्व में भी ऐसे कथित ब्राह्मण वेत्ताओं ने दलितों पर भय का शासन स्थापित करने के कुकृत्य किए थे। भले ही सावित्रीबाई का साहस आज उस दुष्टता पर भारी पड़ा था, परंतु इससे खतरे की आशंकाएँ बढ़ गई थीं। घायल और अपमानित भेड़िया अवसर नहीं चूकने वाला था।

''पंडित जी!'' ज्योतिबा ने तात्यासाहब भिड़े से कहा, ''यह तो मैं जानता था कि इस मार्ग पर सनातनियों का विरोध सहना होगा। उनके दुष्टप्रचार का सामना करना होगा, मगर इस नीचता के बारे में सोचा भी न था। आज मेरी पत्नी ने साहस न दिखाया होता तो संभवत: नारी शिक्षा का स्वप्न ही ध्वस्त हो जाता।''

''बेटा! अच्छे कार्यों में ऐसी बाधाएँ स्वाभाविक हैं। दुष्ट प्रवृत्ति के लोग अपने अहं की तुष्टि के लिए नीचता पर उतर आते हैं। जब राक्षसों को पराजय दिखती है तो वे मायावी और हिंसक हो जाते हैं। तुम्हारी पत्नी ने आज जिस शौर्य का प्रदर्शन किया है, वह समूची नारी जाति के लिए एक प्रेरणा का कार्य करेगा।

ऐसे आकस्मिक साहस ने कई बार परिवर्तनों को गति प्रदान की है। नारी स्वयं शक्तिरूपा है, यह तो वेदों में वर्णित है, पर तुम्हारी पत्नी ने उसे सदृश कर दिया है। आज वह केवल अध्यापिका ही नहीं रह गई, अपितु नारी समाज की योद्धा भी बन गई है। हमें उस पर गर्व है। हम उस वीरनारी का अभिनंदन करने को उत्सुक हैं।''

''महाराज! समस्या यह है कि ऐसे नीचतापूर्ण कृत्य फिर से हो सकते हैं। दुष्टों की कहाँ कमी है! पराजित और अपमानित शत्रु मौन नहीं रहता।''

''हम इस तथ्य को समझते हैं। शांभापंत समाज से बहिष्कृत एक दुर्दांत चोर, हत्यारा है। वह धन लेकर ऐसे काम करने में दक्ष है। आज सावित्री के साहस ने उसकी क्रूरता को और भी भड़का दिया होगा और वह इस अपमान का बदला लेने के सभी प्रयास भी करेगा, परंतु तुम निश्चिंत रहो। अब वह सावित्री के समीप भी नहीं फटक सकता। हम जमादार लुहजीबुवा और उसके सहायक को सावित्री का अंगरक्षक नियुक्त करते हैं। उनके होते कोई सूरमा भी सावित्री की ओर टेढ़ी दृष्टि नहीं कर सकता।'' तात्यासाहब भिड़े ने कहा।

''यह बहुत उचित रहेगा।'' ज्योतिबा के चेहरे पर खुशी फैल गई, ''लहुजीबुवा के सामने तो दस आदमी भी असहाय हैं। उनका छड़ीपट्टा व लाठी-चालन अद्वितीय है।''

''तुम तो उसके शिष्य रह चुके हो।''

''हाँ, मुझे भी उनसे आत्मरक्षा की विद्या सीखने का अवसर मिला है। उन्होंने मुझे मल्लयुद्ध, लाठी-संचालन और छड़ीपट्टा सिखाया था। बहुत समय से उनके दर्शनों का सौभाग्य प्राप्त नहीं हुआ। व्यस्तता ही अधिक रही।''

''वह सेवानिवृत्त सैनिक है। इन दिनों हमारे गाँव में हमारे खेतों का रखवाला है। अब उसे यहीं बुला लेते हैं और सावित्रीबाई की सुरक्षा का दायित्व सौंप देते हैं। वह अकेला भी दस शांभापंतों पर भारी पड़ेगा।''

''आप ठीक कह रहे हैं। आपका यह उपकार हम कैसे चुका सकेंगे! सत्य ही है कि जब तक विद्वानों का मार्गदर्शन न मिले, तब तक किसी कार्य को सिद्ध नहीं किया जा सकता। बुजुर्गों की दूरदृष्टि बहुत बड़ा वरदान होती है।''

''भई! मानवता का धर्म सबसे बड़ा और व्यापक है। संसार में नित नए धर्मों का उदय होता रहे, पर मानवधर्म से बड़ा धर्म कोई न हो सकेगा। संसार माया है, कष्टों का घर है, नित्य जलते दीये के सामान है। जिस दिन मानव धर्म सर्वव्यापी सर्वस्वीकार्य हो जाएगा, यही संसार स्वर्ग समान हो जाएगा। इसमें कोई किसी पर उपकार नहीं करेगा, सब मानव धर्म का पालन करेंगे।''

"आप परम विद्वान् हैं। सच्चे अर्थों में जिसे देवतुल्य पूजनीय ब्राह्मण कहा जाता है, वह आप हैं।" ज्योतिबा भाव विभोर होकर बोले, "जिसकी दृष्टि में प्राणिमात्र का कष्ट अपना कष्ट है, उसका सुख अपना सुख है, वही देवतुल्य है। लोग दुष्प्रचार करते हैं कि मैं ब्राह्मणविरोधी हूँ या ब्राह्मण-दलित विरोधी हैं। वास्तव में तो यह विरोध उन चंद स्वयंभू पाखंडियों का है, जो मानवता से कोरे हैं। आप जैसे सात्त्विक ब्राह्मण के समक्ष तो वे भी शूद्र हैं।"

"भई, यही प्रशंसा तो ब्राह्मण में अहंकार का भाव जगाती है। इसी ने तो उन ब्राह्मणों में श्रेष्ठता का एकाधिकार उत्पन्न किया है। इस मंत्र को यहाँ मत फूँको।" तात्यासाहब भिड़े ने हँसकर कहा, "अब मूल विषय पर आओ।"

"समस्या का समाधान तो आपने कर दिया। सावित्री के साथ घटी घटना चिंतित कर रही थी तो आपकी कृपा से उसकी पुनरावृत्ति नहीं होगी।"

"परंतु इससे संकट टल नहीं गया ज्योतिबा! शत्रु यदि किले के एक सुरक्षित द्वार पर पराजित होता है तो दूसरे द्वारा पर हमला करता है। अब तुम शत्रु की दृष्टि में खटक रहे होंगे और उनका वार तुम पर हो सकता है।"

"आपकी दया और कृपा से यह छड़ीपट्टा मेरी कमर में और लाठी मेरे हाथ में रहती है। गुरु ने इतना तो सिखा ही दिया कि चार-छह शत्रुओं का सामना कर सकूँ। मुझे प्रतीक्षा रहेगी कि कोई ऐसा शत्रु सामने आए, जिससे मेरी इस विद्या का भी परीक्षण हो जाए।" ज्योतिबा ने दृढ़ता से कहा।

"चाहो तो तुम्हारे लिए भी एक अंगरक्षक की व्यवस्था कर दें?"

"ऐसा श्राप न दीजिए, पंडितजी! इतना पुरुषार्थ तो आपकी कृपा से आपके बालक में है। अंगरक्षक से अंग की रक्षा शायद हो भी जाए, पर अपनी दृष्टि में स्वयं को बहुत लज्जित अनुभव करूँगा। शत्रु उपहास उड़ाएँगे कि ज्योतिबा की पत्नी पर हुए हमले से ज्योतिबा के औसान उड़ गए और अंगरक्षक रख लिया। कायरता का कलंक मेरे माथे पर लग जाएगा।"

"हम समझते हैं। सावधान रहना। तुम इस समय शत्रुओं की आँखों का शूल और समाज की आवश्यकता हो। तुम्हारे कंधों पर बहुत बड़ा दायित्व है। जो कार्य तुमने शुरू किया है, वह अभी शैशवकाल में है और इसे तुम पितृवत् पल्लवित करोगे, तो ही यह रवानी पकड़ेगा। इसलिए हर क्षण सचेत रहना। समझना कि हर मोड़ और हर मार्ग पर तुम्हारा शत्रु छिपा बैठा है।"

"आपका यह ज्ञान मैं हमेशा स्मरण रखूँगा।"

ठीक इसी समय सावित्रीबाई वहाँ आ गई। उन्होंने तात्यासाहब के चरण छुए

और आशीर्वाद पाया। उनके चेहरे पर एक अद्‌भुत तेज झलक रहा था।

"पुत्री! आज तुमने गर्व से सिर ऊँचा कर दिया।" तात्यासाहब ने सगर्व कहा, "आज सही अर्थों में नारी क्रांति का सूत्रपात हुआ है। आज तुमने शक्तिरूपा के भव्य दर्शन करा दिए हैं। निश्चय ही इससे नारी समाज में स्वयं को पहचान लेने की क्षमता का विकास होगा। तुमने जिस साहस और संकल्प से दुष्टता को उत्तर दिया है, वह कई अर्थों में आवश्यक था। हम तुम्हारा अभिनंदन करते हैं।"

"यह आपके उचित मार्गदर्शन और आश्रय का प्रताप है, पंडितजी!" सावित्रीबाई ने शालीन स्वर में कहा, "एक बार तो मेरे अंदर की अबला घबरा उठी थी, परंतु शीघ्र ही मेरे हृदय में प्रश्न उठा कि क्या इसी अबला के आश्रय ने ऐसा व्रत लिया था, तब मैं विद्रोही भाव से उस पापी पर टूट पड़ी।"

"नारी शक्तिस्वरूपा है। दुर्भाग्य से नारी समाज अपनी इस शक्ति से अनभिज्ञ रहा है और इसी कारण इस दीनदशा को पहुँचा है। नारी तो वह शक्ति है, जो विधाता के लेख में फेरबदल करा देती है। वह भी सावित्री ही थी, जिसने अपने सतीत्व की शक्ति से यमराज को भी निर्णय बदलने पर विवश कर दिया था।"

"उस महान् सती से मेरी क्या तुलना है! मैं साधारण नारी।"

"साधारण का जब असाधारण दर्शन होता है तो वही महान् हो जाती है। आज तुमने सिद्ध कर दिखाया है कि नारी कभी अबला नहीं थी। यह उसकी सहनशीलता, ममता और स्त्रीसुलभ दयालुता है, जो वह बड़े-से-बड़े कष्ट सहकर भी पृथ्वी के समान धैर्य और अविचल बनी रहती है, परंतु जब उसके धैर्य की सीमा पार हो जाती है तो पापियों के लिए वह काली भैरवी का रूप धारण करती है।"

सावित्रीबाई ने अपने पति की ओर देखा, जिनके नेत्रों में गर्व झलक रहा था और बड़े ही अनुराग से वे उन्हें देख रहे थे।

"अब हमने तुम्हारी सुरक्षा की व्यवस्था कर दी है। हमारे दो सेवक हर समय तुम्हारी सुरक्षा में रहेंगे। हम शत्रु को फिर से अवसर नहीं देना चाहते।"

सावित्रीबाई ने सहमति में सिर हिलाया। सावधान होने के साथ-साथ अब सुरक्षा के उपाय भी कर लेना आवश्यक था।

□

17

ज्योतिबा की हत्या का षड्यंत्र

जीवन में प्रतिद्वंद्विता एक शाश्वत नियम है और संभवत: कोई बिरला ही मानव समाज में इस नियम से दूर रह पाता होगा, अन्यथा हर किसी को किसी-न-किसी क्षेत्र में प्रतिद्वंद्विता का सामना करना पड़ता है। यह प्रतिद्वंद्विता ही श्रेष्ठों में सर्वश्रेष्ठ की पहचान कराती है और जो इसमें पिछड़ जाते हैं, वे या तो हीनभावना के शिकार हो जाते हैं या पुन: प्रयास करते रहते हैं।

धनकवाड़ी का धोंडिबा कुमार ज्योतिबा फुले का हम उम्र था। बचपन साथ में बीता था और जब ज्योतिबा पहले चरण में सन् 1836 में पढ़कर पिता के साथ खेतीबाड़ी में आ जुटे थे, तब धोंडिबा से उनकी प्रतिद्वंद्विता आरंभ हुई। दोनों ही हृष्ट-पुष्ट और कसीले थे। आसपास खेत होने के कारण पहले तो कार्यक्षमता की प्रतिद्वंद्विता पनपी, जो धीरे-धीरे एक विचित्र सी सनक में बदल गई। यद्यपि ज्योतिबा को इस बात की भनक भी नहीं थी कि धोंडिबा कुमार अकारण ही उनसे चिढ़ने लगा था। एक दिन गाँव के मेले में कुश्ती प्रतियोगिता में ज्योतिबा ने धोंडिबा को पछाड़ दिया और धोंडिबा की शत्रुता बाहर झलक आई। वह बिफर गया और दोबारा कुश्ती की माँग करने लगा। लोग हैरान थे कि उसे क्या हो गया था, जो खेल-खेल में इतना आक्रामक हो उठा। धोंडिबा के उत्पात पर फिर कुश्ती हुई, पर परिणाम वही ढाक के तीन पात रहा। धोंडिबा न केवल चित पड़ा, बल्कि उसका अपना चित्त विक्षिप्त हो गया और ज्योतिबा उसके नेत्रों का शूल बन गए। अब उसकी प्रतिद्वंद्विता शत्रुता में बदल गई और वह अवसर की खोज में रहने लगा।

कई अवसरों पर धोंडिबा ज्योतिबा के कट्टर विरोधी के रूप में सामने आया, परंतु उसके प्रतिरोध को संतुष्टि कभी न मिल पाई। अब धोंडिबा को ज्योतिबा की ख्याति और भी बुरी तरह जला रही थी। ज्योतिबा से मिलने जब अंग्रेज आते तो धोंडिबा जल-भुन जाता। अचानक एक दिन ब्राह्मण शिरोमणि श्रीश्री 1004 श्री

महाराज विट्ठलदास का बुलावा आया तो धोंडिबा की आशा को पंख लग गए।

"पाँय लागूँ महाराज!" धोंडिबा दंडवत् हो गया, "कैसे इस गरीब को याद किया?"

"तेरे नक्षत्र देखे थे। बड़े शुभ दिन आ रहे हैं। सारे ग्रह एक साथ धनलक्ष्मी और कीर्तिमाता को साथ लेकर एक ही घर में आ विराजे हैं। शत्रुओं का नाश होने के संकेत मिल रहे हैं।" महाराज ने आशीर्वाद देने के स्वर में कहा।

"कृपा करो, महाराज! बड़े घोर संकटों में घिरा हूँ। दुश्मन मजे कर रहे हैं। नाम कमा रहे हैं और हम आपके सेवक कष्ट पा रहे हैं।"

"अब नहीं पाएगा। लक्ष्मी तेरे दाहिने और कीर्ति तेरे मस्तक पर विराजमान होगी। तेरी कुंडली बाँची है मैंने। बड़े प्रतापी योग बन रहे हैं। जिस काम में हाथ डालेगा, वही सफल होगा। बड़े-बड़े लोगों का संरक्षण प्राप्त होगा। हमारा आशीर्वाद सदा तेरे सिर पर बना रहेगा। धोंडिबा, तेरे तो दिन फिर गए।"

"महाराज, महाराज!" धोंडिबा निछावर हो गया, "आपने बड़ा शुभ समाचार दिया है। पिछले चार दिन से बहुत ही परेशान था। पत्ता भी ढंग से नहीं पड़ रहा था।"

"पत्तों को छोड़। अब थोड़ा सयाना बन। देख, ज्योतिबा ने सयाना बनकर कैसा नाम कमाया है। मास्टर साहब कहा जाता है। उस चांडालिन को भी गुरुआनी बना दिया। तू सुल्फा-गाँजा पीकर मरता रहा और उससे आगे निकल नहीं पाया।"

महाराज ने बड़ी दक्षता से उसकी दुखती रग रगड़ दी थी।

"महाराज! बड़े घाव में उँगली कर दी आपने।" धोंडिबा आहत स्वर में बोला, "उस माली ने मेरी जितनी दुर्गति की है, उतनी तो भगवान् ने भी नहीं की। जीवन भर वह मेरा उपहास उड़ाता रहा और उड़वाता रहा है। मैं गरीबी से इतना दुखी न रहा, जितना उससे। मुझ पर बड़ा कष्ट पड़ रहा है, महाराज!"

"कायरों की ऐसी ही दुर्गति होती है। तेरी बुद्धि वैसे भी घुटनों में है। ऊपर से तू उल्टे-सीधे नशा करता है। अरे, जब शत्रु सामने हो तो कोई तेरे जैसा मूर्ख ही ऐसी दीन-दशा को पहुँचता है। उसने कैसा साहस दिखाया!"

"यह तो है महाराज! वामनों की नाक में उँगली कर दी।"

"चुप नीच!" महाराज क्रोधित हो उठे, "वामन से उलझकर कौन सूरमा आज तक शांति से रह पाया है! उसकी तो ऐसी दुर्गति होगी कि रोता फिरेगा। तू वामनों को क्या समझता है। हमारे श्राप से कोई बच नहीं पाता।"

"क्षमा महाराज!" धोंडिबा काँप उठा, "जुबान फिसल गई, मांस की है न!"

"वश में रख इसे, वरना तेरे सारे अच्छे ग्रहों की दिशा उलट दूँगा। शनीचर महाराज को जरा सा तेल पिलाया नहीं कि तेरी कुंडली उलट-पुलट हो जाएगी।"

"ऐसा अत्याचार न करें, महाराज! क्षमा माँग रहा हूँ।"

"मैंने तुझे बुलाया कि तेरा कुछ भला हो जाए, पर तू तो हमारा ही उपहास उड़ाने लगा। इसका दंड तो तुझे भोगना ही पड़ेगा। उधर मेरी जूती पड़ी है, उठाकर अपने दोनों गालों पर दो बार मार, अन्यथा मेरा क्रोध शांत न होगा।"

धोंडिबा ने बड़ी तत्परता से आज्ञा का पालन किया और कुपित ब्राह्मणदेव को प्रसन्न कर लिया। यह तत्कालीन समाज में ब्राह्मण का प्रभाव था।

"अब ठीक है।" महाराज प्रसन्न हो गए, "अब सुन, तेरी कुंडली बड़ी प्रबल हो रही है, परंतु केवल कुंडली प्रबल होने से देवता वश में नहीं हो जाते। उसके लिए खुद भी कुछ करना होता है। ज्योतिबा आज इतना यश पा रहा है तो उसके पीछे उसका भाग्य ही नहीं, उसका कर्म भी है। अब तू कुछ कर सकता है तो बता?"

"महाराज! उसके जैसा ही मामला जमे तो मैं कुछ भी कर सकता हूँ।"

"देख बे धोंडिबा! राजपाट, सिंहासन और महलों, राज्यों का हस्तगन षड्यंत्रों और कठोरता से होता है। तुझे ज्योतिबा के जैसा यश चाहिए तो उसे अवरोध मानते हुए अपने मार्ग से हटाना होगा। अपना रास्ता निष्कंटक करना होगा।"

"मैं समझा नहीं, महाराज!"

"मूर्ख है, जो नहीं समझा। अरे, जो हमारी प्रगति में बाधक बने, उसे मार्ग से हटाकर ही प्रगति की जा सकती है।"

धोंडिबा के नेत्र भय से फैल गए। महाराज का मंतव्य वह समझ गया था।

"महाराज! यह आप क्या कह रहे हैं?"

"मूर्ख! नेवला साँप को, शेर हिरन को और बाज कबूतर को न मारे तो इनकी न तो भूख मिटेगी और न यश मिलेगा। शत्रुता का यही आधार होता है कि एक शत्रु दूसरे को विनष्ट कर देता है। ज्योतिबा से तेरी शत्रुता साँप-नेवले जैसी रही है और उसने सदा तुझे पटखनी दी है। तुझे लगभग विनष्ट कर दिया है। क्या है तेरे पास? अब कुंडली प्रबल हुई है, भाग्योदय हुआ है तो तू कुछ नहीं करना चाहता।"

"परंतु हत्या! महाराज, मेरे प्राण काँपते हैं।

"काँपते होंगे, क्योंकि कायरता इसी का नाम है। तेरे जैसे कायर भाग्य को लज्जित करते हैं। अरे, तूने कब उससे लठैती नहीं की। तेरा कोई प्रहार उसकी खोपड़ी खोल देता और वह मर जाता तो तू काँपता। प्रतिद्वंद्विता में ऐसे हादसे होते रहते हैं।"

"महाराज! वह बात अलग है। वह दुर्घटना होती है।"

"तो अब भी तो हो सकती है। दुर्घटना तो कभी भी हो सकती है। जिससे लाभ होते हों, वह दुर्घटना न भी हो तो करा दी जाती है। जानता है कि तू इस दुर्घटना को करता है तुझे क्या लाभ होगा।"

"क्या लाभ होगा?" धोंडिबा हड़बड़ाया।

"हजार रुपया नकद। पाँच तोला सोना। ब्राह्मण सभा का अभिनंदन। क्षत्रिय सभा का संरक्षण और शत्रु से विजय की आत्म-संतुष्टि! जिसे जीवन भर परास्त न कर सका, उसे परास्त करने के बदले इतना लाभ भी मिले तो कोई आँख का अंधा ही इतनी कायरता दिखाएगा। भाग्य का सितारा उदय हो रहा है और तू आँख मूँद रहा है।"

"महाराज! मैं भय से ग्रस्त हूँ।" वह कंपित स्वर में बोला, "फाँसी न हो जाए।"

"अबे, हम क्या मक्खी मारने बैठे हैं। ऐसा यज्ञ करेंगे कि स्वयं न्याय देवता तेरे पक्ष में आ खड़े होंगे। समय नष्ट न कर। शीघ्र निर्णय ले। हजार रुपया तेरी सात पीढ़ियाँ नहीं कमा सकतीं। ब्राह्मण विरोधी का वध करने का यश प्राप्त होगा। बड़े-बड़े ब्राह्मण तेरा अभिनंदन करेंगे। क्षत्रिय तेरी रक्षा करेंगे।"

"महाराज ! मुझे अभिनंदन और यश नहीं चाहिए। रुपया और सोना ही मिल जाए तो मैं सोचूँ। किसी को कानोकान खबर न हो, इस पद्धति से काम करने की आज्ञा दीजिए। यश आप ले लीजिएगा। कह दीजिएगा कि आपने मारण अनुष्ठान किया था, जिससे कृत्या उत्पन्न हुई और उस ब्राह्मण विरोधी का वध किया।"

"हूँ। बुद्धि तो तेरे पास भी है। चल, तू इतना ही कर। काम तेरा, नाम मेरा।"

"और माल!" धोंडिबा लालची स्वर में बोला।

"सोना अभी ले जा। शुभ कार्य में विलंब हमारी जंत्री में नहीं है। शेष तुझे कार्य सिद्ध हो जाने पर मिल जाएगा। हमारा वचन है।"

"बस आपने कह दिया, यही ईश्वर वाणी है। आपके आदेश का पालन होगा।"

महाराज विट्ठलदास कुटिलता से मुसकराए। कूटनीति अग्रसर हो गई थी और अब परिणाम पर निर्भर करती थी।

□

18

मानव धर्म की जीत

ज्योतिबा फुले की ख्याति और कार्य जिस अनुपात में बढ़ रहे थे, उसी अनुपात में उनका जनसमर्थन भी बढ़ रहा था। अब दलित समाज में चैतन्यता के संकेत मिलने लगे थे। नारी-शिक्षा के प्रति लोगों का दृष्टिकोण सकारात्मक हो रहा था और ज्योतिबा के विद्यालय में छात्राओं की संख्या बढ़ती जा रही थी। इनमें सभी वर्गों की छात्राएँ थीं। अब इतनी छात्राओं को पढ़ाने के लिए अध्यापकों की आवश्यकता थी।

ज्योतिबा अभियान के प्रचार-प्रसार में व्यस्त रहने के कारण विद्यालय को अधिक समय नहीं दे पाते थे और शिक्षक के रूप में सारा भार सावित्रीबाई के ऊपर आ पड़ा था। सगुणाबाई भी इसमें भरपूर सहयोग देती थीं, परंतु उन्हें भी लोगों के बीच जाकर उन्हें समझाने में समय देना पड़ता था तो सावित्रीबाई लगभग अकेली पड़ जाती थीं। यद्यपि उनका पढ़ाने का तरीका और छात्राओं के साथ मधुर संबंध बहुत सहायक थे, परंतु बढ़ते कार्यों में साधनों का अभाव नहीं होना चाहिए। यह सोचकर ज्योतिबा किसी योग्य अध्यापक की खोज में निकले। वे जानते थे कि इस पहले सत्र के संपन्न होने पर शिक्षकों की कमी नहीं रहेगी, क्योंकि कई छात्राएँ बेहद कुशाग्र और शिक्षाप्रिय थीं।

दलित समाज में अध्यापक खोजना भूसे के ढेर में सुई ढूँढ़ने जैसा था। ब्राह्मण शिक्षक मिलना कठिन था, क्योंकि ब्रह्म सभा का भय किसी ब्राह्मण शिक्षक को उस दलित संचालित विद्यालय में आने की आज्ञा नहीं देता था, फिर भी बहुत प्रयासों और तात्यासाहब भिड़े के सहयोग से विष्णुपंत धत्ते नाम के ब्राह्मण शिक्षक ने यह साहस दिखाया और वे विद्यालय में पढ़ाने लगे। अब ज्योतिबा और सावित्रीबाई का यह स्वप्न उड़ान भरने की दिशा में था। सहयोग के लिए

तात्यासाहब जैसे भले आदमी तो थे ही, मुंशी गफ्फार बेन, मिस्टर जेम्स और अन्य बहुत से समाज-सुधारक भी मिल रहे थे। ब्रह्म समाज से जुड़े विष्णुशास्त्री शीतलवाड़ भी इस शिक्षा अभियान से आ जुड़े थे और ज्योतिबा को अब दूसरा विद्यालय खोलने की आवश्यकता महसूस होने लगी थी। उन्होंने सावित्रीबाई से इस विषय में बात की तो उन्होंने भी इस पर खुशी जताई। अंतत: 15 मई, 1849 को पुणे की हरिजन बस्ती में शिक्षा अभियान की दूसरी शाखा स्थापित कर दी गई। इसमें अतिशूद्रों के लड़के-लड़कियों को एक साथ शिक्षा देने का निर्णय लिया गया। भिड़े हवेली का विद्यालय विष्णुपंत धत्ते और एक योग्य छात्रा फातिमा शेख के संचालन में दिया गया तथा हरिजन बस्ती के विद्यालय में सावित्रीबाई को भेजा गया।

सनातनियों ने इसे लेकर बहुत उपद्रव किया और षड्यंत्र के तहत ज्योतिबा के पिता गोविंदराव फुले को भड़काया गया। उन्हें बताया गया कि उनकी बहू घूँघट तो छोड़ ही चुकी है, अब वह अतिशूद्रों के साथ उठना-बैठना भी करने लगी थी। कुल को कलंक लग रहा है। जिस घर की बहुएँ चौखट से कभी पार नहीं गईं, उसकी इज्जत अब भयानक संकट में थी। शक्तिशाली सवर्णों से शत्रुता मोल लेकर उनके बेटे-बहू ने ऐसे किसी संभावित संकट को निमंत्रण दिया है, जो समाज में उनका मुँह काला कर सकता है। शांभापंत ने ऐसा करने का प्रयास कर भी दिया था। उनकी बहू का भरे चौराहे चीरहरण होने से बाल-बाल बचा था।

इन बातों ने गोंविदराव फुले को विचलित कर दिया और उन्होंने ज्योतिबा फुले को स्पष्ट कह दिया कि या तो सावित्रीबाई घर बैठेगी या वे दोनों घर से निकल जाएँ। ज्योतिबा पिता के इस आकस्मिक निर्णय पर स्तब्ध रह गए और पिता को समझाने के सभी प्रयास किए, मगर गोविंदराव को इस तरह हठधर्मिता का पाठ पढ़ाया गया था कि वे अपने इरादे से टस-से-मस नहीं हुए। सावित्रीबाई ने भी बहुत अनुनय-विनय की, मगर गोंविदराव की जिद के आगे किसी की एक न चली। अंतत: फुले दंपती ने एक कठोर निर्णय लिया और घर छोड़ने का फैसला कर लिया।

''देशहित के लिए राज्यहित, राज्यहित के लिए ग्रामहित और ग्रामहित के लिए पारिवारिक हितों का त्याग करना ही राष्ट्रधर्म है। सामाजिक हित के लिए यदि प्रिय से भी प्रिय का भी त्याग करना पड़े तो सच्चे मानव को यह त्याग कर देना चाहिए।''

फुले दंपती ने इस चाणक्य मंत्र का भावार्थ समझते हुए धनकवाड़ी छोड़कर पुणे में रहने की व्यवस्था कर ली। अब जबकि शिक्षा और जनजागरण का कार्य गति पकड़ रहा था तो ऐसे में ऐसे अवरोधों और हठों पर ध्यान देना उचित नहीं था। पारिवारिक विखंडन यद्यपि पीड़ादायी होता है, पर महान् कार्यों को ऐसे बलिदान चाहिए ही होते हैं। फुले दंपती के इस त्याग का सुफल भी शीघ्र ही मिला। उनकी तहसील शिखल के ग्रामीण क्षेत्रों में शैक्षिक जागरण ने गति पकड़ ली। लोग आते और ज्योतिबा से अपने गाँव में भी विद्यालय स्थापित करने की प्रार्थना करते। वे हर प्रकार के सहयोग को भी तैयार रहते। फुले दंपती के पास शिक्षकों का अभाव था, मगर लगन बहुत थी। उन्होंने हड़पसर में विद्यालय स्थापित किया और सगुणाबाई को वहाँ का दायित्व सौंप दिया। ओतूर में भी शाखा स्थापित हुई, जहाँ ज्योतिबा बहुत व्यस्तता के बाद भी कुशलता से शिक्षण कार्य करने लगे। दिसंबर, 1849 तक वे दस विद्यालय स्थापित कर चुके थे। यह एक ऐतिहासिक उपलब्धि थी, जिसकी भूरि-भूरि प्रशंसा हो रही थी। फुले दंपती निरंतर कार्यशीलता का ऐसा उदाहरण बन गए थे, जिसकी चर्चा अब चौपालों में होने लगी थी।

सनातनियों का विरोध यद्यपि अभी भी जारी था, मगर अब उसमें पहले जैसी न आक्रामकता थी और न संगठन। धर्मरक्षकों की सभाएँ होती अवश्य थीं, परंतु अब उनमें गिनती के घोर शूद्र विरोधी ही पहुँच पाते थे। इनके बीच फुले दंपती का शैक्षिक जागरण अभियान विस्तार पा रहा था। अब उनके शिक्षा कार्यक्रमों में और भी विषय जुड़ गए थे। बाल-विवाह, छुआछूत, शिशु-हत्या जैसी सामाजिक कुरीतियों के विरोध में भी फुले दंपती ने लोगों में चेतना जाग्रत् करने का कार्य आरंभ कर दिया था।

काम अधिक बढ़ गए थे और मानव संसाधन सीमित थे, इसलिए फुले दपंती का कार्यभार अधिक बढ़ गया था। दोनों ने परस्पर समन्वय से काम को बाँट लिया था। जहाँ सावित्रीबाई ने स्कूलों का संचालन सँभाल लिया था, वहीं ज्योतिबा ने सारे बाहरी काम सँभाल लिये। लोगों से गाँव-गाँव जाकर मिलना उन्हें शिक्षा का महत्त्व समझाना और बच्चों को विद्यालय भेजने के लिए प्रेरित करना, ये सारे कार्य ज्योतिबा के जिम्मे थे। सावित्रीबाई एक स्कूल से दूसरे स्कूल, पूरा दिन इधर से उधर भागती रहतीं।

एक दिन ज्योतिबा ओतूर गाँव से लौट रहे थे। अँधेरा घिरने लगा था। पहाड़ों

की पगडंडी के परिचित रास्तों से गुजरते ज्योतिबा अपनी लाठी ठकठकाते किसी मराठी गीत को गुनगुनाते चले जा रहे थे। इन दिनों वे बहुत व्यस्त थे, दायित्व बहुत बढ़ गए थे, मगर जो आत्मसंतुष्टि प्राप्त हो रही थी, वह किसी स्वर्गिक अनुभूति जैसी थी। अपने कार्य और उसकी प्रगति से ज्योतिबा पूरी तरह संतुष्ट थे और यह संतुष्टि उन लड़के-लड़कियों की आँखों में दिखाई देती थी, जो अब अक्षरज्ञान से धरती पर वर्णमाला लिखते थे।

यकायक ज्योतिबा को सामने तनिक ऊँचाई से एक साया अपने ऊपर कूदता दिखा तो वे बौखलाकर बैठ गए और हमलावर का वार खाली गया। हमलावर के हाथों में तेज धारदार कुल्हाड़ी का फल पत्थर से टकराकर चिनगारी छोड़ गया था। इस असफल आक्रमण और ज्योतिबा के बचाव के पैंतरे ने हमलावर का संतुलन बिगाड़ दिया था और वह नीचे की ओर लुढ़क गया था। ज्योतिबा अब सावधान थे और उनके दाँत भिंच गए थे। अब वे हमलावर को अच्छा सबक सिखाने की ठान चुके थे, मगर हमलावर औंधे मुँह पड़ा कराह रहा था।

"मुझे बचा लो ज्योतिबा।" हमलावर आर्तनाद कर उठा था।

ज्योतिबा चौंक पड़े। उस स्वर को वे पहचानते थे। वह तो उनका बालसखा धोंडिबा कुंभार था, मगर वह उन पर हमला...! ज्योतिबा ने ज्यादा न सोचा और बहुत सँभलकर नीचे उतरे और धोंडिबा को पलटा। कुल्हाड़ी का फल उसके कुल्हे में समा गया था और अभी भी फँसा हुआ था।

"धोंडिबा! फिर चूक गया तू।" ज्योतिबा ने कहा, "जीवन भर कोई काम ढंग से न हो सका तुझसे। कच्चे गुरु का चेला निकला। क्या करूँ तेरा! यहीं तड़पने के लिए छोड़ जाऊँ। बियाबान जंगल है। दूर-दूर तक कोई गाँव भी नहीं, पर नहीं, मैं तेरी तरह अज्ञानी नहीं, जो अपने भाई-बंधु के प्राण ले लूँ। मैं अपना धर्म नहीं छोड़ूँगा। मैं तुझे वैद्य के पास ले जाऊँगा। तेरा उपचार कराऊँगा, ताकि जो तू आज न कर सका, फिर कभी कर सके।"

"ज्योतिबा, मुझे क्षमा कर दे!" धोंडिबा रो पड़ा।

"यह हमारे दलित समाज का दुर्भाग्य है कि तेरे जैसे घोर अज्ञानी उन लोगों के हाथों की कठपुतली बन जाते हैं, जो हमारे पूर्वजों को जानवर समझते रहे और वंशजों को भी उसी श्रेणी में रखना चाहते हैं। धोंडिबा, मेरे मर जाने से भी अब यह क्रांति थमने वाली नहीं। तेरे जैसे पातकी अब कुछ भी कर लें, मगर अब व्यवस्था बदलकर रहेगी।"

धोंडिबा पीड़ा से अचेत हो गया था। ज्योतिबा ने उसका साफा लिया और कुल्हाड़ी के फल को झटके से खींचकर घाव पर साफे को कसकर बाँध दिया। घाव बड़ा था। खून थोड़ी ही देर में साफे से टपकने लगा था और ज्योतिबा उसे कंधे पर डाले दौड़े चले जा रहे थे। समीप का गाँव डेढ़ मील दूर था।

ज्योतिबा ने मानवता का धर्म निभाकर शत्रु के प्राण बचा लिये। धोंडिबा ठीक होने पर ज्योतिबा का परमभक्त बन गया और शिक्षा प्राप्त करने के लिए वचनबद्ध हो गया। वह अपने आप का प्रायश्चित करने के लिए पुण्यतीर्थ काशी चला गया। वह तीन साल बाद संस्कृत का विद्वान् बनकर लौटा और बड़े शिष्यभाव से ज्योतिबा फुले के शिक्षा अभियान का अभिन्न अंग बन गया। यहाँ प्रपंच, पाखंडों को पराजित कर मानव धर्म जीत गया था।

□

19

युग-परिवर्तनकारी कालखंड

जब कोई परिकल्पना मूर्तरूप ले लेती है और उससे जुड़े लोग पूर्ण लगन एवं निष्ठा से उसकी उन्नति में जुट जाते हैं तो वह विराट् रूप धारण कर लेती है और लोगों की आस्था उसमें बढ़ती जाती है। फुले दंपती ने नारी शिक्षा, दलित शिक्षा और सामाजिक कुप्रथाओं के विरुद्ध जो दीप जलाया था, अब वह मशाल बनकर जल रहा था। सन् 1852 तक फुले दंपती की परिकल्पना इतनी व्यापक हो गई थी कि सतारा में उन्होंने 18 विद्यालय स्थापित कर दिए थे। क्षेत्र का अधिकांश भाग शिक्षा के इस महा अभियान से जुड़ गया था। अंग्रेजी सरकार ने इस देशी शिक्षा संस्था के अप्रतिम प्रयास की न केवल सराहना की, बल्कि हर प्रकार की राजकीय सहायता देने का भी आश्वासन दिया। सन् 1851 में ही इस शिक्षण संस्था के पहले सत्र की अधिकृत परीक्षा ली गई और इसके परिणाम के प्रतिशत ने शिक्षाविदों और अधिकारियों को चकित कर दिया था। देशी स्कूलों के पर्यवेक्षक दादोबा पांडुरंग तर्खडकर ने इस परीक्षा परिणाम पर प्रतिक्रिया देते हुए लिखा था—

"इतने अल्प समय में इस संस्था की इतनी प्रगति वास्तव में गौरवान्वित करने वाली है और इससे स्त्री-शिक्षा की अलख जाग उठी है। इस स्कूल के पाठ्यक्रम में सर्वांगीण विकासपरक शिक्षानीति का पालन किया गया। नीतिबोध कथा का अनिवार्य विषय संस्थापकों की उच्च सामाजिक सोच का दर्पण है। इसके अतिरिक्त गणित, शुद्ध व्याकरण, भूगोल, मराठा इतिहास, भारत, एशिया और यूरोप का मानचित्र व ऐतिहासिक प्रश्नावली से यह पाठ्यक्रम इस संस्था का सर्वश्रेष्ठ पाठ्यक्रम सिद्ध होता है। यहाँ की छात्राओं की ज्ञान-ग्राह्यता, शिक्षकों की शैक्षिक क्षमता और व्यवस्थापकों के कुशल संचालन को शत-प्रतिशत श्रेय देते हुए मैं इस संस्था के उज्ज्वल भविष्य के प्रति पूरी तरह आश्वस्त हूँ।"

भारत के इस शैक्षणिक जागरण के प्रयासों को अंग्रेज सरकार ने भी प्रोत्साहन

दिया और अंग्रेज सरकार द्वारा इसके संस्थापक फुले दंपती को सम्मानित करने के लिए पुणे में एक भव्य समारोह आयोजित किया गया। जब शिक्षाविदों और अधिकारियों ने ज्योतिबा फुले और सावित्रीबाई को मंच पर बुलाकर उनका अभिनंदन किया तो भीड़ में बैठे गोविंदराव फुले की आँखों में गर्व के आँसू छलक उठे। समीप बैठी सगुणाबाई क्षीरसागर ने अपने मौसाजी को आह्लादित देखा तो वे गर्व से भर उठीं। इस महान् कार्य में उनकी भूमिका और प्रेरणा का महत्त्व इस बात से समझा जा सकता है कि ज्योतिबा फुले ने मंच से जो शब्द कहे, उन्होंने सगुणाबाई की महानता का वर्णन किया—

"माँ जैसा दूसरा देवता कोई नहीं। मेरी जननी का मुझे स्मरण नहीं, परंतु मेरे जीवन में मेरी आई सगुणाबाई ने यह कमी कभी न खटकने दी। उन्होंने मुझे ज्ञानबोध कराया और कभी न घटने वाली संपत्ति, ज्ञान मुझे दिया। आज मैं जो भी हूँ, सब उन्हीं की प्रेरणा से हूँ। मेरी आई वर्तमान का अहोभाग्य हैं।"

समारोह में फुले दंपती को अभिनंदन पत्र दिया गया, जिसे ज्योतिबा ने अपनी सहधर्मिणी को सौंपा और गर्व भरे स्वर में कहा, "यह गौरव तुम्हारा ही गौरव है। मैं तो स्कूल खोलने का निमित्त मात्र था, परंतु उनके सफल संचालन का श्रेय तुम्हें जाता है।"

सावित्रीबाई ने यह अभिनंदन पत्र अपने श्वसुर को समर्पित किया और उनके चरण स्पर्श करके आशीर्वाद लिया।

गोविंदराव फुले रो ही पड़े, "बेटी! धन्य है वह माता, जिसने तुम्हारे जैसी विदुषी कन्या को जन्म दिया और सौभाग्य है मेरे कुल का, जिसमें वधू बनकर तुम पधारीं। हम ईश्वर से प्रार्थना भर कर पाते हैं कि हर घर में तुम्हारे जैसी विदुषी जन्म ले, पर तुमने घर-घर में विदुषी तैयार कर दी। आज मुझे गर्व है कि संसार में फुले कुल का नाम तुमने सदा-सदा के लिए अमर कर दिया।"

"पिताजी! यह आपके आशीर्वाद का सुफल है।" सावित्रीबाई ने कहा, "बड़ों का आशीर्वाद ही बच्चों को फलता है।"

गोविंदराव मन-ही-मन उस समय को याद करके लज्जित हो रहे थे, जब लोगों के बहकावे में आकर उन्होंने ऐसी गुणवान पुत्रवधू को घर से निकाल दिया था। आज उन लोगों के कलेजों पर तो साँप लोट रहे होंगे। जब मंच पर अंग्रेज अधिकारी मेजर कैंडी और री रींडाज ने अपने भाषण में ज्योतिबा फुले को इतिहास पुरुष और सावित्रीबाई को 'इतिहास नारी' कहा तो तालियों की गड़गड़ाहट गूँज उठी। उनके कार्यों को युगपरिवर्तनकारी कार्य बताकर अंग्रेज अधिकारियों ने भारतीय

नारी ने गौरव को सावित्रीबाई फुले का दिव्यदर्शन कहा।

वास्तव में जिन विषय और प्रतिकूल परिस्थितियों में सावित्रीबाई ने नारी समाज का प्रतिनिधित्व किया था, वह असाधारण था। सनातनियों के प्रथा-षड्यंत्रों में फँसे समाज को नारी के प्रति सहिष्णु बनाना अलौकिक कार्य ही था। जहाँ नारी को भोग्या, बंदिनी, दासी और मात्र सेविका के रूप में समझा जाता था और उसके सभी मानवीय अधिकार अपहृत कर लिये गए थे, वहाँ संभवतः किसी ने कल्पना भी नहीं की होगी कि मात्र एक दशक में नारी-शक्ति इतनी प्रखरता से पुरुष समाज के समक्ष प्रतिबिंबित होगी।

सावित्रीबाई ने नारी को शून्य से शिखर तक यात्रा करने का मार्ग दिखा दिया था और उस मार्ग पर कतारों में नारियाँ पथिक बन गई थीं। उनके सघन प्रयासों से शिक्षा संस्था का पहला सत्र इतना सफल सिद्ध हुआ कि शिक्षिकाओं का अभाव समाप्त हो गया। यह ऐतिहासिक उपलब्धि थी। सावित्रीबाई का समर्पण अद्वितीय था। उन्होंने अकल्पनीय कार्य सिद्ध कर दिया था। जिस दलित नारी का स्थान समाज में अत्यंत दीन था, उसे अब शिक्षित बनाकर समाज का प्रधान अंग बनाने वाली सावित्रीबाई फुले ने दिखा दिया था कि वे बचपन में जो विद्रोही बातें करती थीं, उनका महत्त्व आज सामने आया था।

इसमें भी किसी को संदेह नहीं होना चाहिए कि मेधा और नारी-उत्थान के संकल्प को धरातल पर उतारने का काम सगुणाबाई ने किया था, अन्यथा समाज में विवाहित नारी चौके-चूल्हे से इतर कुछ और सोचने की स्थिति में नहीं रहती। परदा और सामाजिक वर्जनाएँ भारतीय नारी को चौखट से बाहर पैर रखने की इजाजत नहीं देती थीं। उस समय सामाजिक संरचना इतनी जटिल थी कि नारी एक निर्धारित जीवन-चक्र में जीने को बाध्य थी। जिस प्रकार कोई मशीन निर्धारित प्रणाली से चलती है, वैसा ही जीवन नारी का था। ऐसे में सगुणाबाई ने उस नारी को न केवल प्रेरणा दी, बल्कि उसे इस योग्य भी बनाया कि वह वर्जनाओं और प्रतिबंधों का सामना कर सके। उन परिस्थितियों को गढ़ा, जिनसे सावित्रीबाई का संकल्प दृढ़ हो। इन अर्थों में सगुणाबाई की महानता सावित्रीबाई से भी अधिक मानी जा सकती है।

ज्योतिबा फुले ने भी गहन मंथन के बाद शिक्षा-पद्धति का निर्धारण किया था। उन्होंने परिवर्तन की गति को बड़े सामाजिक सामंजस्य से निर्धारित किया था। मान्यताओं को तोड़ना उनका लक्ष्य था, मगर प्रहार सधकर किए थे। वे जानते थे कि अति संगठित और शक्तिशाली सनातन समाज के सामने दलित उत्थान का शंखनाद

करने के लिए बड़ी सूझ-बूझ और योजना की आवश्यकता थी। उन्होंने अपने मिशन को शक्ति देने के लिए तात्यासाहब भिड़े जैसे सामर्थ्यवान, सुप्रसिद्ध, गण्यमान्य और सहृदय विद्वान् ब्राह्मण का आश्रय लिया। स्कूल में शिक्षकों की नियुक्ति में हठधर्मिता का परिचय नहीं दिया। ब्राह्मण शिक्षकों की नियुक्ति सवर्ण छात्राओं को पढ़ाने के लिए की। दलित वर्ग के छात्र-छात्राओं को पढ़ाने का कार्य स्वयं और अपनी पत्नी व सगुणाबाई को सौंपा। इससे उनकी दूरदर्शिता का पता चलता है।

सावित्रीबाई पर अपने पति के विचारों का पूर्ण प्रभाव रहा। अध्ययन के बाद गहन चिंतन की जो प्रवृत्ति ज्योतिबा में थी, उसे सावित्रीबाई ने भी ग्राह्य कर लिया था। वे भी सामाजिक दर्शन में प्रवीण थीं और विचारों की अभिव्यक्ति में सरलता के साथ तत्त्व भी सम्मिलित कर देती थीं। सन् 1853 में उन्होंने 'शिक्षा और सामाजिक परिवेश' विषय पर अपना सिद्धांत पेश करके विद्वानों को भी चौंका दिया था।

"छात्र-छात्राएँ जिस समाज और परिस्थिति से आते हैं, उसका प्रभाव उनके ज्ञानार्जन पर अवश्य पड़ता है। समाज के निर्माण में बहुत से तत्त्व सहायक संसाधन के रूप में कार्य करते हैं, परंतु सबसे मुख्य तत्त्व माता की भूमिका है। सुशिक्षित माताओं द्वारा ही शिक्षा के पाठ बच्चों में कुशलता से हृदयंगम कराए जा सकते हैं।"

यद्यपि सावित्रीबाई में अपाला और गार्गी जैसा पांडित्य नहीं था, फिर भी उनके क्रांतिकार्य में जो भावना, लगन, सेवा और निष्ठा का उचित आनुपातिक मिश्रण था, वह उनके व्यक्तित्व में एक महान् विदुषी के दर्शन कराता है। इस समय तक उनका यह आंदोलन शैशवावस्था में ही था और इसके परिणाम बड़े ही आश्चर्यचकित कर देनेवाले थे। समकालीन विद्वानों ने इस कालखंड को भारतीय इतिहास का एक युग-परिवर्तनकारी कालखंड गिना है।

□

20

सावित्रीबाई के क्रांतिकारी कदम

सावित्रीबाई फुले ओतूर गाँव के विद्यालय में शैक्षिक निरीक्षण के लिए जा रही थीं। उनके साथ उनके अंगरक्षक लुहजीबुवा और उसका सहायक भी था। शांभाराव पंत की अभद्रता के पश्चात् तात्यासाहब भिड़े का आदेश था कि सावित्रीबाई की सुरक्षा में कभी कोताही न बरती जाए। लहुजीबुवा तो वैसे भी भूतपूर्व अनुशासित सैनिक रह चुका था और अब फुले दंपती का अनन्य भक्त था। सावित्रीबाई के एक उपकार ने लहुजीबुवा के हृदय में उनके प्रति अपार श्रद्धा जगा दी थी।

लहुजीबुवा की सबसे छोटी पुत्री करंजे गाँव में ब्याही थी। उसका पति बंधुआ मजदूर था, जो एक दिन चेचक की चपेट में आ गया और मर गया। देश भर में सती-प्रथा निरोधक कानून लागू था, मगर कुछ ऐसे तत्त्व समाज में मौजूद थे, जो इस कुप्रथा को गुप्त रूप में जारी रखने का षड्यंत्र रचते रहते थे। ये स्वयंभू धर्माचार्य भोले-भाले लोगों को लोक-परलोक के नाम पर भ्रमित करने में जुटे रहते थे।

लहुजीबुवा की पुत्री विधवा क्या हुई, इन पाखंडी पुरोहितों ने षड्यंत्र रचकर उसे सती करने का जाल बुन दिया। तर्क दिया गया कि विधवा अपनी इच्छा से अपने पति के साथ मोक्ष प्राप्त करना चाहती है। यह बड़े गुप्त रूप से किया जा रहा था कि सावित्रीबाई को इसकी भनक लगी। उसी गाँव की एक स्त्री पैदल चलकर पुणे आई और सावित्रीबाई को सारी बात बताई। यह उस क्षेत्र में नारी-जागरण का एक भव्य उदाहरण था।

सावित्रीबाई ने उस स्त्री की भूरि-भूरि प्रशंसा की, जिसने साहस का अभूतपूर्व प्रदर्शन करते हुए पाँच मील पैदल चलकर अपने नारी-दायित्व का

निर्वाह किया था। उन्होंने उसी क्षण ताँगा मँगवाया और अपने साथ कई सहयोगियों को लेकर वहाँ पहुँच गई, जहाँ चिता तैयार हो चुकी थी। ज्योतिबा फुले को वे यह संदेश पहले ही पहुँचा चुकी थीं और उन्हें समय रहते सहायता पहुँचा देने की बात कही थी।

जिस प्रकार सिंहनी बिफरती है, ठीक उसी प्रकार सावित्रीबाई ने उस कुकृत्य में मंत्रोच्चारण करने वाले धर्मचार्यों को खरी-खोटी सुनाई। तर्क-वितर्क हुए और स्थिति बड़ी जटिल हो गई। एक स्त्री के सामने धर्म पुरोहित पराजित होना नहीं चाहते थे। उन्होंने विधवा के मुँह से कहलवा दिया कि वह स्वेच्छा से सती हो रही है, परंतु सावित्रीबाई ताड़ गई कि उस समय वह स्त्री किसी नशे के प्रभाव में थी।

वास्तव में ऐसा किया जाता था कि सती होने वाली विधवा को कई दिन पूर्व से ही भाँग घोटकर पिलाई जाती थी, जिससे उसका मानसिक संतुलन बिगड़ जाता था। सावित्रीबाई ने भाँपकर विधवा को झकझोर डाला। उसी समय ज्योतिबा फुले पुलिस लेकर पहुँच गए और धर्माचार्य वहाँ से नौ-दो ग्यारह हो गए।

उस विधवा को बचाकर पुणे के विधवा आश्रम में लाया गया। लहुजीबुवा को दो दिन बाद इस विषय में पता चला और वह सावित्रीबाई के चरणों में नत हो गया। तब से उसने संकल्प लिया था कि उस देवीस्वरूपा नारी की सुरक्षा में अपने प्राण भी देने को तैयार रहेगा। अब वह सजग प्रहरी लगभग हर समय सावित्रीबाई के आसपास तैनात रहने लगा था।

ओतूर गाँव सवर्ण-बाहुल्य गाँव था, जहाँ दलितों की संख्या कम थी। यहाँ शिक्षा संस्था खोलने में लोकहितवादी गोपालराव हरि देशमुख का सहयोग महत्त्वपूर्ण रहा। उनका संबंध इस गाँव के गण्यमान्य लोगों से था। इसी कारण यहाँ विद्यालय की स्थापना संभव हो सकी। यहाँ के विद्यालयों में सवर्ण छात्रों की संख्या ज्यादा थी और यहाँ अध्यापक भी सवर्ण ही नियुक्त किए गए थे, परंतु कुछ शिकायतें मिल रही थीं कि यहाँ दलित छात्रों के साथ भेदभाव किया जा रहा है। सवर्ण अध्यापक गाँव के सवर्णों के प्रभाव में दलित छात्र-छात्राओं को शिक्षा कम दंड ज्यादा देते थे। सावित्रीबाई इसी का निरीक्षण करने वहाँ पहुँची। उन्होंने देखा कि दो दलित छात्र मुर्गा बने हुए थे। एक दलित छात्रा झाड़ू लगा रही थी। सावित्रीबाई को एकाएक वहाँ देखकर अध्यापक महोदय सकपका गए।

"यह सब क्या हो रहा है?" सावित्रीबाई रोष भरे स्वर में बोली, "यह

कैसी शिक्षा दी जा रही है? क्या इसीलिए आपको यहाँ नियुक्त किया गया है?''

''इन लड़कों ने नाक में दम कर रखा है, बाईजी! ठीक से वर्तनी तक याद नहीं करते। अक्षरज्ञान तक नहीं है इन्हें और यह लड़की बहुत समझाने पर भी सफाई का महत्त्व नहीं समझती।'' अध्यापक ने सफाई दी।

''इसके लिए इन्हें दंडित करना कहाँ तक उचित है। वर्तनी और अक्षरज्ञान इनके मस्तिष्क से परे की चीजें हैं, जो हमें इनके मस्तिष्क में भरनी हैं। एक बार, दो बार, दस बार और बार-बार के प्रयास से यह काम होता है। अभी शिक्षा का स्तर इतना नहीं उठ पाया कि कोरे कागज बोलना शुरू कर दें। अभी शिक्षक ने ऐसा नहीं कर दिखाया कि वह दंडाधिकारी बन जाए। इन्हें वर्तनी से अधिक वह ज्ञान देने का आवश्यकता है, जिससे इन्हें पढ़ने में रुचि हो।''

''हम यही काम करते हैं, बाईजी! इन्हें समझाते हैं कि शिक्षा का महत्त्व क्या है?''

''इस प्रकार नहीं श्रीमान! शिक्षक का धर्म और दायित्व समझिए। यह भेदभाव अपने मस्तिष्क से निकाल दीजिए। शिक्षा अपने आप बड़े-छोटे का निर्धारण कर देती है। यह काम आप क्यों करते हैं? गुरु सबको समान रूप से शिक्षा देता है और यह छात्र के मनन-अध्ययन पर निर्भर करता है कि वह उस शिक्षा से कितना लाभ उठाकर भविष्य में क्या बन पाता है।''

''बाईजी! यदि मुझसे कोई त्रुटि हुई है तो मैं क्षमा चाहता हूँ।''

''यह आप अपने हृदय से पूछिए। आपने क्या त्रुटि की है, यह आपसे अधिक और कौन जान सकता है! भविष्य में ऐसी भूल न हो, मैं यही आशा करती हूँ।''

सावित्रीबाई ने बहुत कम शब्दों में उस शिक्षक को वह गूढ़ ज्ञान दे दिया था, जिसे वह संकीर्ण विचारों के कारण जान नहीं पाया था। सावित्रीबाई ने प्रत्येक छात्र-छात्रा से कुछ-न-कुछ पूछकर शिक्षक की त्रुटियों पर उसका ध्यान आकर्षित किया। यद्यपि उन्होंने शिक्षक को ऐसा कुछ भी नहीं कहा, जिससे वह स्वयं को अपमानित महसूस करता। यह उनकी शिक्षा पद्धति में था ही नहीं! फिर भी वे उसे यह समझाने में सफ़ल रहीं कि शिक्षक धर्म पूर्ण समर्पण, भेदभाव रहित शिक्षा और पितृत्व भाव से ही निभाया जा सकता है।

स्कूल में काम निपटाकर सावित्रीबाई गाँव के लगभग बाहर बसे दलितों के घर पहुँचीं और उनसे बातचीत करने लगीं। उनकी समस्याओं को सुना। सबर्ण-

बाहुल्य गाँव में दलित-जीवन की कल्पना वे कर सकती थीं। समस्याएँ वही थीं, जो समूचे भारत में दलित को त्रास दे रही थीं, परंतु सबसे बड़ी समस्या पानी की थी। गाँव के तालाब और कुएँ सवर्णों के अधिकार में थे, जिनमें से बूँद भर पानी मिलना भी कठिन था। दलित वहाँ से बहुत दूर बह रही नदी पर आश्रित थे। यह समस्या क्षेत्र भर में थी। खुद धनकवाड़ी भी इससे अछूता नहीं था।

सावित्रीबाई ने उसी क्षण सोच लिया कि पानी की समस्या को प्राथमिकता के तौर पर हल करना है। धनकवाड़ी में उन्होंने तालाब खोदने का प्रयास किया था, जो असफल रहा था, परंतु अब उस असफलता को सफलता में बदलना था। अब इतना संगठन बन चुका था कि कथित धर्माचार्यों के विरोध का उत्तर दिया जा सके।

सावित्रीबाई ने घर जाकर ज्योतिबा फुले को इस विषय में बताया और इस समस्या का निराकरण करने के लिए गंभीर विचार-विमर्श किया। अंत में निर्णय हुआ कि इस दिशा में सरकारी सहायता लेना ही श्रेष्ठ विकल्प है। उन दिनों पुणे के जिला कलेक्टर से ज्योतिबा फुले के अच्छे संबंध थे। उन्होंने उनसे मिलकर दलितों की इस समस्या और अधिकार के विषय में आग्रह किया तो उन्होंने आश्वासन दिया कि भले ही पुलिस बल भेजना पड़े, पर शीघ्र ही धनकवाड़ी में तालाब बनेगा। ज्योतिबा ने एक बार फिर दलित समाज के लोगों को एकत्र किया, जो पहले की अपेक्षा अब अधिक सजग हो गए थे और काफी हद तक पुरोहितवाद के पाखंड को समझ गए थे। सब तैयार हो गए।

एक दिन धनकवाड़ी में घोड़ों की टापें गूँज उठीं। छह पुलिसवालों के साथ पुलिस अधिकारी स्वयं आकर ज्योतिबा से मिला। ज्योतिबा के पास तालाब खोदने का सरकारी अनुमति-पत्र था और पुलिस अधिकारी के पास आदेश-पत्र था कि उस कार्य में बाधा डालने वालों से सख्ती से निपटा जाए। थोड़ी ही देर में धनकवाड़ी के सैकड़ों दलित फावड़े, कुदाल लेकर उस स्थान पर पहुँच गए, जहाँ पहले ही तालाब का भूमिपूजन हो चुका था। पुलिस अधिकारी के आदेश पर फावड़े, कुदाल चलने लगे और तालाब आकार लेने लगा।

महाराज विट्ठलदास को तत्काल सूचना मिली, पर साथ ही पता चला कि वहाँ अंग्रेज पुलिस अधिकारी की देखरेख में काम चल रहा है तो महाराज ने वहाँ जाने से पहले विचार-विमर्श किया और हरकारे को 'तू चल मैं आता हूँ।' कहकर मंदिर के गर्भगृह में जाकर आराम फरमाया। अब कब तक आँधियों को

झूठ के जाल से रोके रखना संभव था, महाराज भी समझ गए थे।

धनकवाड़ी में तालाब बन गया और कुछ दिन बाद कुआँ भी। इसके बाद तो हर गाँव में यह समस्या हल करने की दिशा में अभियान शुरू हो गया। छिट-पुट विरोध अवश्य रहे, पर सरकारी सहायता से एक बहुत बड़ा कार्य संपन्न हो गया था। सावित्रीबाई फुले का यह संकल्प भी पूरा हो गया।

□

21

सगुणाबाई की मृत्यु का शोक

सन् 1854 में भीषण गरमियों के पश्चात् बरसात आई तो उमस बढ़ गई थी और नाना प्रकार की बीमारियों ने पैर पसार लिये थे। ओझा, तांत्रिकों की सक्रियता बढ़ गई थी। समाज में फैले अंधविश्वास बीमारियों को दैवीय प्रकोप सिद्ध करते थे और झाड़-फूँक करनेवालों का लूट-महोत्सव आरंभ हो जाता था। फुले दंपती ने इस दिशा में भी जन-जागरण और सेवा कार्य आरंभ कर दिया। वैद्यों को सविनय प्रार्थना करके लोगों की सेवा के लिए सचल सेवा के रूप में आने के लिए प्रेरित किया। जो वैद्य अपने घर बैठकर दवा देते थे, उन्हें गाँव-गाँव घूमकर रोगियों का उपचार करने की प्रेरणा देकर सामाजिक चिकित्सा में भी क्रांति ला दी थी। जो वैद्य दस-पाँच रोगियों का उपचार करते थे, अब वे सैकड़ों रोगियों का उपचार करने लगे थे।

जुलाई, 1854 में फुले दंपती के एक रिश्तेदार के यहाँ विवाह समारोह था। यह समारोह फुरसंगी गाँव में होना था। फुले दंपती बहुत व्यस्त थे। समयाभाव होने के कारण फुले दंपती विवाह में अधिक दिन के लिए नहीं जा सकते थे, परंतु रिश्तेदार का आग्रह अधिक था तो सगुणाबाई को कुछ दिन पहले भेज दिया गया। गरमी कारण सगुणाबाई हैजा की चपेट में आ गई और 6 जुलाई, 1854 को घोर अस्वस्थता के चलते उनकी मृत्यु हो गई। यह एक महान् त्यागमयी नारी का स्वर्गारोहण था। फुले दंपती की यह ऐसी क्षति थी, जिसकी पूर्ति हो पाना संभव नहीं था। सगुणाबाई ने जिस मातृत्व भाव से इस युगल को सामाजिक उत्थान के महान् कार्य हेतु सौंपा और तैयार किया था, वह एक भव्य उदाहरण था। वे स्वयं निरक्षर थीं, परंतु शिक्षा के महत्त्व को उन्होंने समझा था और ज्योतिबा को पढ़ाने के लिए प्रयासरत रहीं। जब ज्योतिबा की शिक्षा बाधित कर दी गई थी तो सगुणाबाई की दशा उस पराजित और विवश योद्धा जैसी थीं, जो विजय के समीप था और युद्ध

टल गया था। उनके विद्रोही तेवर कालांतर में फुले दंपती की शिक्षा का कारण बने।

यह सगुणाबाई ही थीं, जिन्होंने विपरीत परिस्थितियों में फुले दंपती को साहस और प्रेरणा दी। 'संत चोखा मंदिर' में उन्होंने दलित शिक्षा के लिए एक विद्यालय स्थापित किया, जिसमें सावित्रीबाई और सगुणाबाई दलित बच्चों को पढ़ाने लगीं। अभी यह पाठशाला कुछ प्रगति करती कि सनातनियों के षड्यंत्रों, विरोधों और दलितों की भयभीत प्रवृत्ति ने इसे बंद करा दिया। फुले दंपती निराश हो गए थे, तब सगुणाबाई ने ही उन्हें साहस दिया और कहा—

''इस तरह निराश होना उचित नहीं है। ईसाई मिशनरी वालों को देखो। उन्होंने तो इतना विरोध सहा है, जिसका वर्णन कठिन है, फिर भी असफलता से निराश न होते हुए अपना कार्य करते रहे और आज सफल हैं। हमें भी धैर्य के साथ अपने कार्य में लगन से रत रहना होगा सफलता अवश्य मिलेगी।''

सगुणाबाई की ये बातें कोरे उपदेश नहीं थे। यह बात समय के साथ सिद्ध होती चली गई थीं, जब सफलताओं की श्रृंखला बन गई। सगुणाबाई की मृत्यु पर फुले दपंती बहुत दुखी हुए और मन-ही-मन उस महान् आत्मा के उपदेशों का स्मरण करके उनके स्वप्न को निरंतर आगे बढ़ाने का संकल्प लिया।

फुले दंपती अभी इस आघात से उभरे नहीं थे कि एक ओर जटिल परिस्थिति उनके सामने आई। नारी उद्धार को समर्पित सावित्रीबाई फुले को अपने नारी होने से भीषण मानसिक यंत्रणा से गुजरना पड़ा। उनके विवाह को पंद्रह साल होने जा रहे थे, दुर्भाग्य से संतान प्राप्ति नहीं हो सकी थी। यद्यपि अपने सामाजिक कार्यों में व्यस्त रहे फुले दंपती को इस विषय में सोचने का भी अवसर नहीं मिला था, परंतु जिस समाज में वे रहते थे, वहाँ ऐसी बातों पर बतंगड़ बनाने वालों की कमी नहीं थी। जाने किसके मुँह से यह दुर्वचन निकले कि गोविंदराव फुले के वंश की एक शाखा नि:संतान रह गई। यह सीधा-साधा ज्योतिबा और सावित्रीबाई पर प्रहार था। गोविंदराव फुले को अब गाँव भर में यही चर्चा सुनने को मिल रही थी।

''मुखियाजी! यह ब्राह्मणों का श्राप हो सकता है।'' किसी ने कहा, ''ज्योतिबा और उसकी पत्नी ने ब्राह्मणों के विरुद्ध जाकर उन्हें कुपित कर दिया है, इसलिए उसकी कोख बँध गई है। अब कोई आशा नहीं कि वह संतान को जन्म दे सके।''

गोविंदराव फुले चिंतित हो उठे। उन्हें उदासी ने आ घेरा।

''मुखियाजी! चिंता क्यों करते हो। ज्योतिबा की अभी उम्र ही क्या है। दूसरा विवाह कर दो। उससे विवाह करने के लिए क्षेत्र में जिस लड़की का हाथ माँगोगे।

उसका ही पिता खुशी-खुशी ज्योतिबा को दमाद बनाएगा। ज्योतिबा का बहुत नाम है। आप कहें तो मैं किसी से बात चलाऊँ? मेरी नजर में दो-तीन सुघड़ रिश्ते हैं।''

गोविंदराव ने कुछ कहा तो नहीं, पर कीड़ा कुलबुला उठा। वे सोच में पड़ गए। लोग गलत भी नहीं कह रहे थे। विवाह के इतने दिन बाद भी संतान न होना समाज में नारी की उपेक्षा का कारण था। उन्होंने सुना भी था कि जो व्यक्ति निःसंतान मरता है, उसकी कभी गति नहीं होती, वह नरकों के चक्र में फँसता है! अपने प्रिय पुत्र ज्योतिबा को गोविंदराव ऐसे भयानक दंड का अधिकारी नहीं मानते थे। यह सावित्री का घोर दुर्भाग्य था, जो वह संतान उत्पन्न करने में अक्षम थी। दूसरा विवाह ही इसका उपाय था। यह शास्त्रसम्मत भी था।

□

22

फुले दंपती और देश के हालात

समय अपनी गति से बढ़ता चला जा रहा था। दलित उत्थान और सामाजिक परिवर्तन का यह नवजागरण पुणे से निकलकर देश के अन्य हिस्सों में भी फैलने लगा था। कई दलित सुधार सस्थाएँ इस दिश में प्रयासरत हो गई थीं और इसे उच्च वर्ग में भी स्वीकार किया जाने लगा था। आर्थिक सहायता भी मिलने लगी थी। फुले दंपती ने अपने कार्यक्षेत्र में विस्तार किया और कार्यों में भी। अब वे समाज में व्याप्त हर बुराई पर गहराई से मनन करते और लोगों में उसके बारे में चेतना जाग्रत् करते। लोगों को बाल-विवाह के दुष्परिणामों से परिचित कराते। विधवा-विवाह को नारी का अधिकार बताते हुए विधवाओं की दुर्दशा दूर करने के सघन प्रयास होने लगे।

विधवाओं की जो स्थिति थी, उसे देखकर अत्यंत पीड़ा होती थी। नारी-दुर्दशा का सबसे हृदयविदारक रूप विधवाओं का था। सती-प्रथा निरोधक कानून आने से इन विधवाओं का जीवन तो बच गया था, मगर जिंदगी इतनी नारकीय हो गई थी कि इससे तो मृत्यु ही अच्छी थी। विधवा का मुँह देखना घोर अनिष्ट माना जाता था। उसका भोजन जानवरों से भी बदतर निश्चित किया गया था। किसी भी शुभ कार्य के समय उसे या तो बंद कर दिया जाता था या हिदायत दी जाती थी कि उसकी परछाई भी न दिखे। इस नारकीय स्थिति में जी रही विधवाओं के लिए फुले दंपती ने आवाज उठाई।

यही वह समय था, जब देश के राजनीतिक हालात भी गरमा रहे थे। अंग्रेजों ने नीति-अनीति से सारे देश पर शासन स्थापित कर लिया था और साम्राज्यवादी नीति के तहत भारत का चौतरफा शोषण करने में जुट गए थे। दिल्ली के बादशाह बहादुर शाह जफर मुगल सल्तनत के जर्जर खँडहरों पर जैसे-तैसे बैठे हुए थे, पर ब्रिटिश शासन ने उनकी बागडोर अपने हाथों में ले ली थी। रियासतों का अधिग्रहण

कर लिया गया था। ब्रिटिश साम्राज्य के इतिहास का सबसे कुटिल नीतिज्ञ गवर्नर जनरल लॉर्ड डलहौजी सन् 1848 में भारत आया था और तभी से भारतभूमि पर ब्रिटिश साम्राज्यवाद के हल का नुकीला फल भारतीय जनमानस के हृदय में गाड़ना शुरू कर दिया। डलहौजी ने जो नीतियाँ बनाईं, उससे देश की स्वतंत्रता को चारों कोनों से जंजीरों में जकड़ लिया गया।

राजनीतिक पृष्ठभूमि में भारत के पास कुछ नहीं था। सामाजिक, आर्थिक, धार्मिक और सांस्कृतिक इन चारों गौरवशाली धरोहरों का डलहौजी ने शोषण आरंभ कर दिया। समाज में भय फैलाने के लिए सैनिक कार्यक्रम लागू कर दिए। सोना, चाँदी आदि प्राकृतिक धन-संपदा जहाजों में भर-भरकर इंग्लैंड भेजने लगा। धर्म के नाम पर मतभेद पैदा करने लगा और पश्चिमी सभ्यता का प्रचार-प्रसार करके भारतीय संस्कृति का खात्मा करने लगा। डलहौजी ने रियासतों को हड़पने के नए-नए नियम और बहाने खोज लिए। कभी दत्तक उत्तराधिकारी को मान्यता देने वाले महारानी विक्टोरिया के निर्णय को आज डलहौजी जाने की करामात से अमान्य घोषित करने लगा था।

डलहौजी की कूटनीतियों ने भारत के शासक वर्ग को विचलित कर दिया था और उनके हृदय में विद्रोही भावना को जन्म दे दिया था। कभी सत्ता का स्वर्गिक सुख भोग चुके भारतीय राजे-महाराजे और सामंतशाही अपनी ही गलतियों का दंड भोग रहे थे। यदि अठारहवीं शताब्दी के अंत में मैसूर के टीपू सुल्तान को इन शासकों का समर्थन और सहयोग मिल जाता तो संभवत: अंग्रेजी साम्राज्य का ऐसा विस्तार न हुआ होता। यदि मराठों को भी इन देशी राजाओं ने सहयोग किया होता तो भी स्थिति इतनी बदतर न होती, परंतु आपसी स्वार्थों ने अंग्रेजों को अवसर दिए और परिणामस्वरूप इन शासकों को एक-एक करके अंग्रेजी सरकार की अधीनता स्वीकार करनी पड़ी।

सन् 1818 में मराठा शक्ति का पतन हो गया था। मुगल सल्तनत का भी पतन हो गया था और अब दिल्ली दरबार किस्से-कहानियों की बात रह गई थी। सम्राट् बहादुरशाह जफर अपने पीड़ित मन की बात शेरो-शायरी में कहने लगे—

गाजियों में बू रहेगी जब तलक ईमान की।
तख्ते-लंदन तक चलेगी तेग हिंदुस्तान की॥

पेशवाई साम्राज्य के उत्तराधिकारी नाना साहब को अंग्रेजों ने बिठूर में पेंशन पर निर्वासित कर दिया था और वह धीर-गंभीर देशभक्त पेशावा न कभी खामोश बैठा था और न बैठने वाला था। उसने बड़े ही योजनाबद्ध ढंग से अंग्रेज सरकार

के विरुद्ध एक व्यापक क्रांति की तैयारी कर ली थी।

सन् 1857 की वह महान् क्रांति भारतीय इतिहास का ऐसा कालखंड है, जिसमें भारत की देशभक्त जनता के जुनून की भव्य झाँकी देखी जा सकती है। नाना साहब और तात्या टोपे ने बड़े गुप्त ढंग से दिल्ली, अवध, रुहेलखंड, कानपुर, झाँसी आदि रियासतों में एक साथ विद्रोह की योजना बना ली थी। देशी सैनिकों को इस विद्रोह में सम्मिलित कर लिया गया था। 'कमल के फूल और चपाती' के गुप्त संदेश ने अंग्रेज सरकार को भनक भी लगने दिए बिना एक ऐसे व्यापक विद्रोह की तैयारी कर ली थी, जो यदि उचित समय, नेतृत्व और संगठित तरीके से किया जाता तो अंग्रेजी शासन नब्बे साल पहले ही खत्म हो जाता।

ऐसा नहीं था कि अंग्रेजी शासन के विरुद्ध विद्रोह नहीं हो रहे थे। देश के विभिन्न भागों में समय-समय पर विद्रोह होते रहे थे, परंतु इन विद्रोहों में राष्ट्रीय भावना का नितांत अभाव था। यह विद्रोह केवल अपनी स्वतंत्रता प्रिय प्रवृत्ति के कारण असंगठित रूप से क्षेत्रीय विद्रोह थे, जिन्हें सरकार निर्ममता से दबा देती थी। खानदेश के भीलों ने सन् 1819 से ही विद्रोह कर दिया था। बिहार के कोलों का विद्रोह सन् 1829 में हुआ। वेल्लूर में सैनिक विद्रोह हुआ था। शोलापुर में सन् 1838 में सैनिकों की एक टुकड़ी वेतन-भत्ते के लिए विद्रोह कर चुकी थी। खोंड विद्रोह, फकीर विद्रोह, पॉलीगर विद्रोह, उड़ीसा में पारक विद्रोह, पश्चिमी घाट में रामोसी विद्रोह ऐसे क्षेत्रीय विद्रोह रहे, जो अपने-अपने क्षेत्रीय और जातीय हितों से उत्पन्न हुए थे। इनमें फिर भी कहीं-न-कहीं अंग्रेजों के शासन के प्रति घोर घृणा का राष्ट्रीय भाव अवश्य था।

दिल्ली सम्राट् बहादुरशाह जफर को सन् 1857 के विद्रोह का नेतृत्व दिया गया। सभी तैयारियाँ हो चुकी थीं। दिल्ली से कलकत्ता तक विद्रोह की बिसात बिछ गई थी। समूचा संयुक्त प्रांत इस महायज्ञ में आहुति डालने को आतुर था। 31 मई, 1857 को विद्रोह की तिथि निश्चित हुई थी, परंतु सब कुछ योजना के अनुसार न हो सका।

बैरकपुर की देशी सेना में कारतूसों को लेकर असंतोष फैल गया था। सूचना मिली थी कि देशी सैनिक जिन कारतूसों को मुँह से खोलते थे, उन पर गाय और सूअर की चर्बी लगी थी। सैनिकों ने इन कारतूसों का विरोध किया तो अंग्रेज अधिकारी भी अड़ गए और सैनिकों को हथियार डालने को कह दिया। इससे क्रोध में भरे वीर सिपाही अनन्य देशभक्त मंगल पांडे ने दो अंग्रेज अधिकारियों को गोलियों से उड़ा दिया। यह विद्रोह की निश्चित तिथि से 56 दिन पहले की घटना

थी, जिसने विद्रोह का रूप ले लिया और नाना साहब को अपनी तैयारियाँ इसी में समाहित करनी पड़ीं। चारों ओर अंग्रेज सेना और भारतीय विद्रोहियों में युद्ध छिड़ गया। जून, 1857 में नारी शक्तिपुंज झाँसी की रानी लक्ष्मीबाई ने गर्जना कर दी, 'मैं अपनी झाँसी नहीं दूँगी।' कंपनी सरकार पूरी शक्ति से इस विद्रोह का दमन कर रही थी। अप्रैल, 1858 में अंग्रेजों ने इस विद्रोह का न केवल दमन कर दिया, बल्कि भारतीय जनमानस में भय भी व्याप्त कर दिया। शासन की बागडोर सीधे ब्रिटिश क्राउन ने सँभाल ली और नए दमन का अध्याय शुरू हुआ।

सन् 1857 की इस असफल क्रांति ने सामाजिक जीवन अस्त-व्यस्त कर दिया था। जनसाधारण ने जिस उत्साह और देशप्रेम से क्रांति में योगदान दिया, उसका दंड अंग्रेज सरकार ने कालांतर में दिया। सामंतशाही का बड़ा वर्ग अंग्रेजभक्त हो जाने से जनसाधारण की मुसीबतें बढ़ गई थीं। अकाल, बाढ़, महामारी, गरीबी से जूझ रहे लोगों पर अंग्रेजी शासन ने अत्याचारों का बोझ भी लाद दिया था। संभवत: अंग्रेजों ने जनसाधारण को भयभीत करके भविष्य के किसी विद्रोह को जनसमर्थन न मिलने देने की मंशा से अत्याचारों की श्रृंखला शुरू कर दी थी। जमींदारों, साहूकारों, अमीरों को जनता पर जुल्म ढाने की स्वतंत्रता दे दी थी। लगता था कि जो कभी देशी सवर्णों ने दलितों के साथ किया था, वह अब अंग्रेज सबके साथ कर रहे थे। अंग्रेजों के लिए सवर्ण भी दलित हो गए थे। ईश्वरीय चमत्कार की आशा में अनेक लोग साधु-संन्यासी हो गए और धर्म का आश्रय ले लिया। यह पलायनवाद था।

यद्यपि महाराष्ट्र में इस विद्रोह का प्रत्यक्ष प्रभाव नहीं था, परंतु जब आग जलती है, तो लपटें तो उठती ही हैं। जनसाधारण यहाँ भी भयभीत हो गया और सामाजिक सुधार के कार्यक्रम भी अस्त-व्यस्त हो गए। सरकार येन-केन-प्रकारेण अंग्रेजी सभ्यता को भारतीयों पर थोपने के प्रयास कर रही थी।

यह शीतकाल जैसा समय था। कहीं कोई हलचल नहीं थी। केवल अंग्रेज सरकार और अंग्रेज भक्तों की आवाजें व अट्टहास सुने जा सकते थे। इनके बीच फुले दंपती ने बड़े धैर्य और लगन से अपना कार्य जारी रखा। समाज और शासन की उथल-पुथल ने एक शून्यकाल सा उत्पन्न अवश्य कर दिया था, मगर फुले दंपती अपने निश्चय से विचलित नहीं हुए थे। वे निरंतर क्रियाशील रहे।

□

23

नारी-उत्थान के सघन प्रयास

सावित्रीबाई के पुण्यकर्मों में अनके बाधाएँ भी रहीं, जो समय-असमय उपस्थित होकर मानसिक पीड़ा देती रही थीं, पर वे धैर्य की प्रतिमूर्ति बड़े ही दृढ़ निश्चय के साथ अपने लक्ष्य की ओर अग्रसर रहीं। समाज, सनातनियों और श्वसुर का विरोध तो बहुत समय तक सहा ही था, कुछ समय बाद मायके से भी विरोध के स्वर आने लगे थे। उनके पिता की मृत्यु हो गई थी और भाई ने नायगाँव का मुखिया पद सँभाल लिया था। सनातनियों ने जब सावित्रीबाई पर किसी प्रकार का अनुकूल प्रभाव न होते देखा तो प्रयोग के तौर पर उनके भाइयों को भी आजमाया। उन्हें अपने प्रभाव में लेकर सावित्रीबाई के विरुद्ध भड़का दिया।

सावित्रीबाई को एक दिन अपने भाई सिदुजी का पत्र मिला कि वह उससे मिलने आ रहा है। एक दिन वह पुणे आ गया। ज्योतिबा उस समय घर पर नहीं थे। सावित्रीबाई बड़ी खुश हुई। बहुत दिनों के बाद भाई से मिलना हुआ था। भारतीय नारी के लिए भाई और पिता का बड़ा महत्त्व होता है। भाई से तो कुछ अधिक ही स्नेह होता है। उस पर भी भाई छोटा हो तो स्त्री का उत्साह ऐसे समय पर देखते ही बनता है। वह भाई से बड़े स्नेह से मिलीं और उसे जल लाकर दिया।

"मैं तुम्हारे घर का पानी भी नहीं पी सकता।" भाई खिन्न स्वर में बोला, "तुम लोगों ने जो किया है, वह अक्षम्य है। नीच लोगों के साथ उठ-बैठकर तुमने अपना धर्म भ्रष्ट कर लिया। तुमने दोनों कुलों को नीचा दिखाया है। अपने पिता और श्वसुर के मान-सम्मान को धूल-धूसरित कर दिया। ब्राह्मणों से बैर करके घोर नरक के गामी हो गए। जिन ब्राह्मणों को हमारे पुरखों ने भगवान् की तरह पूजा और माना, उनका विरोध करके तुमने ब्रह्महत्या जैसा अपराध किया है।"

"भाऊ! तुम ऐसा कह रहे हो!" सावित्रीबाई स्तब्ध रह गई, "कभी पिताजी ने भी तुम्हारी इस बहन को ऐसे शब्द नहीं कहे, जो तुम कह रहे हो।"

''यह पिताजी की गलती थी, जो आज तुम्हारी उद्दंडता का कारण बन गई है। हम समाज में बोलने लायक नहीं रह गए। अच्छा होगा कि हम पर दया करके ब्राह्मणों से क्षमा माँगकर अपना शुद्धीकरण कराओ और उसी मार्ग पर आ जाओ, जो सभ्य, सुशील नारियों को शोभा देता है।''

''भाऊ! तुम्हारी अक्ल पर दया आती है। तुम उन ब्राह्मणों की बातों में आ गए हो, जो तुम्हें जानवर से भी गया बीता और हीन समझते हैं। वे गाय, बकरी, बैल को सहला सकते हैं, नागों को दूध पिला सकते हैं, कौए को पितर मानते हैं, पर दलित को मानव भी मानना उन्हें स्वीकार नहीं। तुम इतने पर भी उनके पक्षधर हो तो कह सकती हूँ कि यह दासता तुम्हें जकड़ चुकी है। तुम समझते हो कि इन ब्राह्मणों की दृष्टि में तुम भंगियों से श्रेष्ठ हो तो यह तुम्हारी भूल है। उनके लिए तुम भी उतने ही अछूत हो, जितने भंगी या महार आदि।''

सिदुजी मौन रह गया, क्योंकि यह बात किसी सीमा तक सत्य थी।

''भाऊ! यदि ऐसा नहीं है और ब्राह्मण तुम्हें उच्च श्रेणी का दलित मानते हैं तो तुम उन्हें स्पर्श भर करके दिखा देना।'' सावित्रीबाई ने कहा, ''तुम मेरे पति के विषय में ऐसा कहने का अधिकार नहीं रखते। उनकी महानता तुम क्षुद्र बुद्धि के दास लोग नहीं समझ सकते। तुम्हारे ब्राह्मण दिखावे के लिए हरिनाम जपते हैं, जब कि मेरे पति वास्तव में हरि का कार्य करते हैं। वे हरि के जनों की सेवा करते हैं। यदि तुम्हें हमसे संबंध नहीं रखना है तो मत रखो, परंतु मेरे पति के प्रति अपशब्द न कहो।''

सिदुजी ने और कुछ न कहा। वह उठकर चला गया। सावित्रीबाई को इससे बड़ी मानसिक पीड़ा हुई। बहन से भाई का ऐसा दुर्व्यवहार पीड़ित ही करता है। उन्होंने यह बात ज्योतिबा को बताई तो वे गंभीर स्वर में बोले—

''बाई! सिदुजी की इसमें कोई गलती नहीं है। वह अपने मस्तिष्क से सोचने के लिए कभी स्वतंत्र नहीं था और आज भी नहीं है। यह दलित समाज की बड़ी समस्या है कि इसमें आज भी ऐसे कठपुतली दिमाग पाए जाते हैं, जिन्हें सनातनी अपने संकेत से नचाने में सरलता का अनुभव करते हैं। तुम निश्चिंत रहो। ऐसी बाधाएँ सामने आती रहेंगी। परायों से कम और अपनों से अधिक विरोध सहना पड़ेगा।''

सावित्रीबाई ने अपने पति के शब्दों से सांत्वना का अनुभव किया। फुले दंपती ऐसे विरोधों का सामना करते हुए अपने कार्य से लगे रहे। उन्होंने अपने विद्यालय की छात्राओं को सामाजिक चेतना की प्रहरी बनाकर कई तरह के जनसेवा के कार्य

आरंभ कर दिए थे। सावित्रीबाई के कुशल अध्यापन ने कई छात्राओं को विभिन्न विषयों की विदुषी बना दिया था। ये छात्राएँ समूहों में जाकर नारी-समाज को अपनी शक्ति को पहचानने के लिए प्रेरित करतीं। इन्हीं में 'मुक्ता मातंग' नाम की एक छात्रा ने नारी-जाति की तत्कालीन दुर्दशा पर एक हृदयस्पर्शी निबंध लिखा, जिसकी अंग्रेज शिक्षाविदों ने भूरि-भूरि प्रशंसा करते हुए मुक्ता मातंग को पुरस्कृत किया और सावित्रीबाई को ऐसी युगनारी कहा, जो जड़ में चेतन का भाव भर सकने में सक्षम है।

सावित्रीबाई का व्यक्तित्व अब विस्तार पा रहा था। उनकी दृष्टि नारी-समाज की हर छोटी-बड़ी समस्या पर जा रही थी। इन्हीं में से एक ऐसी समस्या भी थी, जो पीड़ित नारी के नारकीय जीवन की मर्मस्पर्शी गाथा थी। अपने आपको नारी का भाग्य-विधाता घोषित कर चुका पुरुष प्रधान समाज नारी के प्रति इतनी संकीर्णता और कुटिलता रखता था कि उसके मानव होने पर संदेह हो उठता है। समाज में विधवाओं का जीवन अत्यंत कष्टकारी था। उसके सब अधिकार छिन गए थे, फिर भी वह जी सकती थी और जी भी रही थी, परंतु उसका नारी होना भी तो उसके लिए अभिशाप था। ऐसी विधवाएँ, जो सभी वर्गों में थीं, पुरुषों की वासना का आए दिन शिकार होती थीं। उसकी भोग्या होने की नियति में वह आकषर्ण था कि हेय दृष्टि से देखने वाला पुरुष अपनी कामुकता में उसकी हेयता को भूल जाता था।

जिन विधवाओं का मुँह देखना पुरुष समाज ने वर्जित घोषित कर रखा था, उन्हें भेड़ियों की तरह नोंचने-खाने में वही पुरुष समाज अपने पौरुष का प्रतीक मानता था। ऐसी विधवा दलित हो, ब्राह्मणी हो या क्षत्राणी हो, पुरुष समाज के कामी भेड़िये उन्हें भभोड़ने में पीछे नहीं रहते थे। पहले से ही घोर दुर्दशा में जी रही ऐसी विधवाओं के लिए साक्षात् नर्क तब हो जाता था, जब किसी कामी पुरुष की वासना का शिकार होकर वे उसके पाप का बोझ उठाए फिरती थीं और अंतत: आत्महत्या करने को विवश हो जाती थीं। नदी, नाले, घाटियाँ इन बेचारियों की अंतिम विश्रामस्थली होते थे। यह केवल विधवा नारी का महादुर्भाग्य नहीं था, अपितु इससे वह शिशु भी जन्म से पूर्व ही काल-कवलित होता था, जिसका कोई दोष नहीं होता था। यह नारी-समाज की सबसे भयावह विडंबना थी, जिसका कहीं कोई अंत नहीं दिखता था।

फुले दंपती ने इस नारी दुर्भाग्य का गहन अध्ययन किया था और समाज में फैले इस व्यभिचार को रोकने के उपाय सोच रहे थे। सन् 1865 में उनके एक निकट पड़ोसी उस्मान शेख ने एक गर्भवती विधवा को पहाड़ की चोटी से छलाँग

लगाकर प्राण त्यागते देखा तो उन्होंने इस हृदय विदारक घटना का जिक्र फुले दंपती से किया और इस दिशा में एक सुझाव दिया।

"यह व्यभिचार तो जाने कब थमेगा, परंतु इससे पीड़ित विधवाओं का यह हश्र तो हृदय को झकझोर देता है। यदि उनको भी कहीं सहारा मिल जाए तो दो जीवन बचें।"

"हमें ऐसी पीड़ित नारियों को आश्रय देना होगा। उन अजन्मे शिशुओं को संसार में आने का अवसर देना होगा। इसके लिए एक विधवा-संरक्षण-गृह स्थापित किया जाना चाहिए।" सावित्रीबाई ने कहा, "इसके लिए उपयुक्त स्थान खोजना होगा।"

"मेरा घर कब काम आएगा।" उस्मान शेख ने कहा, "मैं और मेरी बीवी ही तो घर में रहते हैं। सारा घर खाली पड़ा है।"

"भाईजान! आपने तो समस्या ही हल कर दी।" सावित्रीबाई का चेहरा खिल उठा।

"बीजी! आप इस समाज के लिए दिन-रात इतना कर रही हैं, उसके सामने तो यह कुछ भी नहीं है।" शेख ने कहा, "इनसान का जन्म लेकर इनसान के लिए कुछ करने का मौका मिलने पर भी इनसान आँख बंद कर ले तो खुदा भी माफ नहीं करता।"

उस्मान शेख की उदारता और सहयोग से 28 जनवरी, 1865 को उनके घर में बाल-हत्या प्रतिबंध-गृह और विधवा आश्रम स्थापित हो गया। इसी के साथ फुले दंपती के प्रयासों से उनके इस पुण्यकार्य से बहुत से समाजसेवी आ जुड़े। ऐसी विधवाओं को खोजकर, समझाकर वहाँ लाकर आश्रय दिया जाता और सावित्रीबाई बड़े गंभीर स्वर में उनमें जीने की लालसा जगातीं। इस सुधार-गृह में धीरे-धीरे सैकड़ों विधवाएँ आईं और बहुत से शिशुओं ने जन्म लिया। शिशुओं की किलकारियाँ इस पुण्यकार्य की सफलता का संकेत थीं।

□

24

सत्यशोधक समाज की स्थापना

सन् 1873 की गरमियाँ थीं। सावित्रीबाई ने विधवा आश्रम का संचालन स्वयं सँभाला हुआ था। वहाँ जनमे शिशुओं और प्रसूताओं की देखभाल वे किसी कुशल नर्स की भाँति करती थीं। पूर्ण मातृत्व भाव से बच्चों के साथ उनका व्यवहार देखकर उन विधवाओं के बेरंग चेहरे भी जीवन के प्रति उत्सुक हो उठते थे। लोग उस आश्रम को देखने दूर-दूर से आते थे और वहाँ का वातावरण देखकर भाव-विभोर हो उठते थे। जिन उपेक्षित विधवाओं के सामने आत्महत्या के सिवाय कोई विकल्प न बचता था, वह उस आश्रम में अब जीवन चैन से बिता रही थीं। सावित्रीबाई ने उन्हें जीवन के महत्त्व और संघर्षों से परिचित कराकर न केवल जीने की प्रेरणा दी, बल्कि शेष जीवन समाज हित में जीने का लक्ष्य भी दिया। छोटे-छोटे उद्योग आरंभ करके इन विधवाओं को आत्मनिर्भर बनाया गया।

सावित्रीबाई ने धीरे-धीरे 'विधवा पुनर्विवाह कार्यक्रम' संचालित किया और पुरुष समाज के दंभ को ध्वस्त कर दिया। सनातनियों ने बहुत हो हल्ला मचाया। विधवा पुनर्विवाह को सामाजिक मान्यताओं का सबसे घृणित और अक्षम्य पाप कहकर प्रचारित किया गया, परंतु सावित्रीबाई ने इन प्रलापों पर ध्यान न दिया। वे विधवा उत्थान के लिए महीने में दो बार सभा का आयोजन करती, जहाँ विधवाओं की समस्याओं पर विचार किए जाते। इस विषय में मराठी लेखक एवं विचारक धनंजय कवीर ने लिखा है—

"महान् नारी, महात्मा ज्योतिबा फुले की पत्नी सावित्रीबाई इस युग की उन नारियों में से थीं, जिनके हृदय में नारी समाज का उत्थान श्वास की तरह बसता था। जिन शिशुओं को संसार में आने की संभावना नहीं थी, उन्हें इस संसार के दर्शन कराकर उस ममतामयी नारी ने मातृत्व के गुण को दैवीय सिद्ध कर दिया। उनका वात्सल्य इस परिप्रेक्ष्य में और भी अभिभूत कर जाता है कि वे स्वयं मातृत्व सुख

से वंचित थीं, परंतु उन शिशुओं को मातृवत् स्नेह करती थीं।''

सावित्रीबाई जीवित किंवदंती बन गई थीं। विरोधी भले ही उन्हें कोसते रहते थे, परंतु जनसाधारण में वे श्रद्धेय हो गई थीं। उस देवीतुल्य नारी को देखते ही सिर श्रद्धा में नत हो जाते थे। उनकी लोकप्रियता ने कितने ही स्वयंभू धर्मधुरंधरों को उच्च और निम्न रक्तचाप का रोगी बना दिया था और वे अनर्गल प्रलापों से अपनी कुंठा को कम करने का प्रयास करते रहते थे।

एक दिन शाम के समय एक गाँव में सावित्रीबाई महिला सभा को संबोधित कर रही थीं। नारी-सुधार कार्यक्रमों में गृहस्थ नारियों की भूमिका पर चर्चा चल रही थी। बच्चों के लालन-पालन के विषय में बता रही थीं कि एक ढीठ ब्राह्मण उधर आ निकला। सावित्रीबाई को देखकर उसकी ईर्ष्या फुफकार उठी।

''अरे ओ चांडालिन शूद्रा! तू जन्म की बाँझ क्या जाने कि बच्चे का पालन-पोषण कैसे होता है! इन मूर्ख औरतों को बहकाने से तू चौधरन नहीं बन जाएगी। पैर की जूती की तरह रह, वरना किसी दिन भस्म हो जाएगी।''

सावित्रीबाई ऐसे मूर्ख, कुंठित और स्वघोषित धर्मरक्षकों के कटुवचन रोज ही सुनती थीं, इसलिए उस ओर ध्यान नहीं दिया, परंतु वहीं मौजूद लहुजीबुवा लाठी लेकर उस ब्राह्मण के पीछे दौड़ा तो वह प्राण बचाकर भागा। सावित्रीबाई घर आ गईं और दिन भर की घटनाओं पर विचार कर रही थीं कि 'बाँझ' शब्द जहर बुझे तीर की तरह उनके मस्तिष्क से टकराया। किसी भी नारी के लिए यह शब्द घोर पीड़ित करने वाला है।

सावित्रीबाई सहनशीलता की प्रतिमूर्ति थीं, धैर्य का स्तंभ थीं, परंतु नारी तो थीं। नारी सुलभ भावनाओं से परिपूर्ण हृदय था उनका। लोगों ने आज तक शूद्रा, चांडालिन, कुलकलंकिनी आदि-आदि गालियाँ दी थीं, पर आज 'बाँझ' शब्द ने उनके नारीमन को कुचलकर रख दिया। वे रो पड़ी थीं। जब ज्योतिबा आए तो उनकी सजल आँखें देखकर समझ गए कि कुछ अनहोनी हुई है। सावित्रीबाई अपने पति के कंधे से लगकर रो पड़ीं और अपनी व्यथा कह डाली।

''बाई, मैं जानता हूँ कि किसी नारी के लिए यह शब्द उस दग्ध बाण की तरह है, जो प्राण नहीं लेता और जलता रहता है, परंतु तुम साधारण नारी नहीं हो। तुम्हें तो पर्वत की तरह अविचल रहना होगा, अन्यथा शत्रु इस व्यथा को तुम्हारी कमजोरी मानकर प्रबल हो जाएगा, फिर तुम्हारा बाहर निकलना भी कठिन हो जाएगा। शत्रु उसी अस्त्र का बार-बार प्रयोग करता है, जिससे उसका प्रतिद्वंद्वी पीड़ित होता हो।''

''स्वामी, आपकी यह बात मैं याद रखूँगी, पर मेरा स्त्रीमन बहुत पीड़ित है।

उस ब्राह्मण का यह वाग्बाण मुझे अंदर तक बींध गया है।"

"बाई! मनुस्मृति आदि धर्मग्रंथों का आश्रय लेकर इन धर्माचार्यों ने सदैव ही शूद्रों को घोर प्रताड़ना दी है। शूद्र और उनके वंशजों को अपना दास बनाए रखने के लिए इन लोगों ने कितने ही आडंबर रच दिए हैं। जिस दिन इन धर्माचार्यों की कुटिलता इस शूद्र समाज की समझ में आ जाएगी, उस दिन शूद्रातिशूद्र भी मनुसंहिता को अमान्य कर देगा। इस शूद्र-विरोधी, नारी-विरोधी मनुसंहिता को एक दिन फाड़कर फेंक दिया जाएगा। वह शूद्र जागरण होगा और मनुसंहिता लुप्तप्राय: हो जाएगी।"

सावित्रीबाई को अपने पति के शब्दों से सांत्वना अवश्य मिली। वे इस बात को भूलकर अपने कामकाज में जुट गईं, मगर ज्योतिबा मन-ही-मन बेचैन हो उठे थे। अपनी पत्नी की इस पीड़ा को वे भलीभाँति समझते थे। नारी मन की यह पीड़ा थी भी बड़ी कष्टकारी, परंतु ईश्वर प्रदत्त इस पीड़ा को प्रसाद ही मानना चाहिए। ज्योतिबा ऐसे ही विचारों में उलझे साँझ ढले घर से नदी की ओर निकल आए। जब भी वे विचारों के झंझावात से जूझते तो प्रकृति दर्शन को चले आते। नदी का शांत तट उन्हें बड़ी शांति प्रदान करता था। वे नदी के तट पर पहुँचे तो अँधेरा छाने लगा था। वे एक स्थान पर बैठकर विचारमग्न हो गए। बहुत समय तक वे इसी विचार में डूबे रहे कि उनकी पत्नी इस वाग्बाण से कितने दिन पीड़ित रहेगी। उसी समय उनकी दृष्टि कुछ दूरी पर स्थित एक सफेद आकृति पर पड़ी, जो संभवत: स्वयं को नदी की धारा में समाहित करने के उद्देश्य से खड़ी थी।

ज्योतिबा क्षण भर में परिस्थिति समझ गए थे और चीते की फुर्ती से उस आकृति के पास पहुँच गए थे, जो जल में कूदने को तैयार थी। वह एक स्त्री थी! कोई स्त्री किन परिस्थितियों में ऐसा कदम उठाती है, यह ज्योतिबा जानते थे। वह भी उन अभागी विधवा नारियों में से एक थी, जो किसी कामी पुरुष की वासना का शिकार होकर अपने गर्भ में एक और जीवन-चिह्न लेकर मृत्यु का आलिंगन करने के लिए बाध्य थी।

"पुत्री! यह क्या अनर्थ कर रही हो! ईश्वर के दिए जीवन के इस उपहार को असमय मृत्यु को सौंपकर नारी शक्ति का अपमान क्यों करती हो?" ज्योतिबा ने उसे पकड़ लिया।

"कैसा उपहार! कैसा जीवन! मुझे मर जाने दीजिए। इस संसार में मेरे लिए कुछ भी शेष नहीं बचा। इस पापी समाज में क्षण-क्षण मरने से तो यह मृत्यु सुखदायी होगी। जहाँ चारों ओर दुखी की अग्नि जलती हो, वहाँ इस शीतल जल में प्रवाह

कर प्राणांत कर देना ही मेरे कष्टों का हरण कर सकता है।''

''बेटी! मैं जानता हूँ कि इस निष्ठुर समाज में नारी की दशा अति दयनीय है। स्वयं को श्रेष्ठ समझने वाला पुरुष समाज नारी को अपने पैर की जूती समझता है और हर स्थिति में उसके उत्पीड़न को अपना पौरुषीय अधिकार मानता है, परंतु बेटी, ऐसे पापियों के कुकर्म का दंड अपना जीवन देकर तुम क्यों भोगो! ईश्वर यदि कहीं है तो उन राक्षसों को ही दंड देगा। तुम मेरे साथ चलो। अपने जीवन से नहीं तो उस जीवन का तो खयाल रखो, जो तुम्हारे गर्भ में है। अपने सुख के लिए किसी अन्य का जीवन छीन लेना पाप है। अपनी मुक्ति के लिए इस अजनमे शिशु का जीवन क्यों छीनती हो?''

''यह संसार में आकर क्या करेगा! कौन इसे समाज में स्वीकार करेगा?''

''मैं उसे समाज में स्वीकार्यता दिलाऊँगा। आज से तुम मेरी धर्मपुत्री बनकर मेरे घर रहोगी, तुम्हारे बच्चे को मैं समाज में सम्मान के साथ जीने का अधिकार दिलाऊँगा।''

ज्योतिबा के बहुत समझाने पर वह विधवा उनके साथ आ गई। ज्योतिबा ने घर लाकर अपनी पत्नी को सारी बात बताई तो सावित्रीबाई ने बड़े ही वात्सल्य से उस विधवा को अपने अंकपाशा में छुपा लिया। उसे बड़ी सांत्वना मिली। पता चला कि वह गंजकोठ की ब्राह्मण विधवा काशीबाई थी, जो अपनी ही जाति के कुछ कामुक भेड़ियों की वासना का शिकार बनी और आत्महत्या को विवश हुई। सावित्रीबाई ने उसे पुत्री की भाँति स्नेह दिया और उसकी देखभाल की। कुछ समय बाद काशीबाई ने एक पुत्र को जन्म दिया। जिसका नाम 'यशवंत' रखा गया। फुले दंपती ने उसे दत्तक पुत्र के रूप में गोद लिया। सावित्रीबाई उसकी माता बन गई। काशीबाई अब जीवन के प्रति गंभीर होकर फुले दंपती के सामाजिक कार्यों से जुड़ गई।

इसी वर्ष 14 सितंबर, 1873 को ज्योतिबा फुले ने 'सत्यशोधक समाज' की स्थापना करके अपने कार्यों को संस्था का रूप दे दिया। सत्यशोधक समाज में विद्वानों-चिंतकों का आना-जाना शुरू हुआ और समाज में व्याप्त आडंबरों, पाखंडों और कुप्रथाओं के सत्य-असत्य का शोध करके सनातनियों के खड़े किए गए रूढ़िवाद के किले की दीवारें ध्वस्त की जाने लगीं।

□

25

फुले दंपती की रचनाशीलता

सन् 1876 में भारत के दक्षिणी भाग में अकाल पड़ा। मद्रास (वर्तमान चेन्नई) महाराष्ट्र, मैसूर और हैदराबाद अकालग्रस्त थे। इससे पूर्व भारत के विभिन्न भागों में भी प्राकृतिक प्रकोप ने भारतीयों के धैर्य की कड़ी परीक्षा ली थी। सन् 1860 से अब तक लगभग हर चार साल के अंतराल पर अकाल पड़ रहा था। इससे दिल्ली से लेकर कलकत्ता का भूभाग सबसे अधिक प्रभावित रहा था। गंगा-जमुना के दोआब में बीते पंद्रह सालों में लाखों लोग अकाल से काल-कवलित हुए थे।

अंग्रेजी सरकार के शोषण से पीड़ित भारतीय जनमानस इन प्राकृतिक प्रकोपों से और भी संतप्त था। सरकार ने अकाल आयोग का गठन तो किया था, परंतु पर्याप्त सहायता के कोई ठोस इंतजाम नहीं थे। ऊपर से ईसाई मिशनरीज तो इन प्राकृतिक आपदाओं को अपने प्रचार-प्रसार का आदर्श अवसर समझती थीं। अन्न भाव से, भूख से पीड़ित पेट की आग बुझाने के लिए धर्म-परिवर्तन करने को सहज तैयार हो जाते थे। ईसाई इसी शर्त पर उनकी सहायता करते थे।

सरकारी राहत कार्य ऊँट के मुँह से जीरा ही थे और अंग्रेज नीति में भारतीयों के प्रति साहनुभूति की भावना बिल्कुल नहीं थी। सरकार के राहतकर्मी राहत की आड़ में जनता के कीमती समान लूट लेते थे। विवश, व्याकुल और पीड़ित कन्याओं का शारीरिक शोषण भी करते थे। कोई सुनने वाला नहीं था।

फुले दंपती ने अकाल के समय के ऐसे कितने ही कटु अनुभवों की कहानियाँ सुनी थीं। अकाल पीड़ित लोगों के साथ राहतकर्मियों के अमानवीय व्यवहार के किस्से दिल दहला देते थे। ऐसे में अपने क्षेत्र में अकाल के संकेत मिलते ही फुले दंपती ने राहत कार्यों को तवज्जो दी। उन्होंने क्षेत्र भर में घूम-घूमकर न केवल लोगों को अकाल के प्रति कठिन समय में राहत के उपाय समझाए, अपितु उन्हें संग्रह की जानकारी भी विभिन्न नीतिबोध कथाओं के माध्यम से दी। साथ ही वे क्षेत्र के

दानवीरों के पास जाते और अकाल की स्थिति में अन्नदान के लिए प्रेरित करते।

सावित्रीबाई ने इससे भी बढ़कर काम किया, और एक दयालु दानवीर के सहयोग से एक ऐसा छात्रावास स्थापित किया जिसमें 2,000 बच्चों के रहने खाने की व्यवस्था की जा सकती थी। अन्नदान के माध्यम से अन्न एकत्र किया गया। जब अकाल अपने चरम पर आया तो फुले दंपती की तैयारियाँ बहुत कारगर सिद्ध हुईं। स्थान-स्थान पर संस्था द्वारा अन्नसत्र चलाए जा रहे थे। विद्यालयों के छात्र-छात्राओं को उस छात्रावास में ले आया गया था। संस्था से जुड़ी विधवाएँ सावित्रीबाई के नेतृत्व में इस अन्नयज्ञ में अभूतपूर्व सहयोग कर रही थीं। क्षेत्र भर में संस्था के लोग अकाल पीड़ितों की सहायता को तत्पर रहते थे। मिशनरीज के प्रचारक भी अपने हित साधने निकल आए थे, मगर सत्यशोधक समाज की सक्रियता ने उन्हें सफल नहीं होने दिया।

अकाल भयावह था मगर फुले दंपती ने अपने क्षेत्र को उतना पीड़ित न होने दिया। सरकार ने उस वर्ष अकाल आयोग की रिपोर्ट में पुणे क्षेत्र में फुले दंपती के अकाल राहत कार्यों का उल्लेख करते हुए उनकी नीतियों और जनहित के कार्यों की बहुत प्रशंसा की।

इस बीच ज्योतिबा फुले भी बहुत सक्रिय रहे थे। उन्होंने सरकारी प्रतिनिधियों से मिलकर अकाल राहत कार्यों के ठोस उपाय और पारदर्शिता से काम करने की अपील की। उन्होंने राहतकर्मियों के अभद्र व्यवहारों की चर्चा करके सरकारी राहत विभाग के अधिकारियों को समझाया कि किस प्रकार उनके कर्मचारी ही सरकार की छवि को धूमिल करने में लगे रहते हैं। 'सत्यशोधक समाज' के विद्वान् सत्यशोधकों ने इस विषय पर व्यापक साक्ष्य एकत्रित किए जिन्हें ज्योतिबा ने सरकारी अधिकारियों के सामने रखा और सिद्ध किया कि भारतीय तब तक अंग्रेजी शासन को स्वीकार नहीं करेंगे, जब तक उनका शोषण थम नहीं जाता। यद्यपि अपवाद छोड़ दिए जाए तो, अंग्रेजी शासन में सभी एक ही थैली के चट्टे-बट्टे थे। सुनते बड़े गौर से थे, 'ओह नो, ओह नो!' भी करते थे, पर वास्तव में सुधार की दिशा में कोई कदम उठाते हों, ऐसा कोई उल्लेख नहीं मिलता। यदि कोई सदृश्य मानवतावादी अंग्रेज ऐसा करता भी था तो उसे करने नहीं दिया जाता था। ज्योतिबा इन बातों को जानते थे, परंतु प्रयास करते रहना अपना कर्म समझते थे।

ज्योतिबा फुले उस प्रत्येक विषय पर मनन-चिंतन करते थे, जिससे समाज का भला होता हो। उनके विचारों को जनसमर्थन मिला तो यह उनके जनसेवा समर्पण का फल था। उन्होंने बड़ी ही दार्शनिकता का परिचय देते हुए जनहितकारी विचारों

का सृजन किया और लोगों को प्रभावित किया। शिक्षा को समाज में क्रांति लाने का अमोघास्त्र मानते हुए जब उन्होंने लोगों को विद्यार्जन का महत्त्व बताते हुए बड़े ही प्रभावी दार्शनिक ढंग से कहा—

''बिना विद्या मति गई, मति बिना नीति गई।
बिना नीति गति गई, बिना गति वित्त गया।
बिना वित्त शूद्र दबा, इतना अनर्थ अविद्या से हुआ॥''

फुले जी का यह दर्शन शाश्वत था। लोग इससे प्रभावित हुए और उनके शिक्षा कार्य ने उन विषम परिस्थितियों में प्रगति की, जब समाज पूरी तरह सनातनियों के कब्जे में था। धर्म-धुरंधरों का प्रभाव जोरों पर था। जनसाधारण, विशेषकर शूद्र तो इन धर्म-धुरंधरों के विरुद्ध जाने का साहस भी न कर सकते थे। पाप, श्राप और नर्क का कल्पित भय इतना गहरे तक समाया था कि शूद्र लोगों में ब्राह्मण वर्ग के कुपित होने पर त्राहि-त्राहिमाम मच जाती थी। यदि किसी शूद्र के सामने बुखार से कँपकँपाता ब्राह्मण आ जाता था तो भी शूद्र को लगता था कि वह उसे देखकर क्रोध से काँप रहा है। ऐसी दशा में शूद्र शिक्षा का विचार भी हास्यास्पद ही था।

'गुलामगीरी' नाम की पुस्तक में ज्योतिबा फुले ने तत्कालीन दलित समाज की दशा का जो वर्णन किया है, वह सत्यशोधन का बेहतर ग्रंथ है। शूद्र की सोच को जिस मार्मिक ढंग से प्रस्तुत किया गया है, उससे स्पष्ट होता है कि ज्योतिबा ने इस विषय पर गहन चिंतन किया था। उन्होंने दलित समाज को अंधानुकरण करने वाला समाज बताया, जो ब्राह्मणों को देवपुत्र समझकर अपनी वास्तविकता को भूल रहा था और स्वयं को दास मान चुका था।

ज्योतिबा की इस दार्शनिकता का पूरा प्रभाव सावित्रीबाई पर भी पड़ा। वास्तव में सावित्रीबाई की ज्ञानज्योति ज्योतिबा के ज्ञानसूर्य से प्रज्वलित हुई थी। ज्योतिबा फुले के ज्ञान के महासागर में उतरकर सावित्रीबाई फुले भी दार्शनिक ज्ञान से परिपूर्ण हो गई थीं। जिन सामाजिक कार्यों का उन दोनों ने बीड़ा उठाया था, उसकी सफलता के लिए नए मार्गों को प्रशस्त करने की आवश्यकता थी। पुरातनी प्रथाओं को शह देनेवाले पाखंडी ब्राह्मणों के जालग्रंथों को काटने के लिए नए साहित्य सृजन की आवश्यकता थी। फुले दंपती ने इस ओर भी पर्याप्त ध्यान दिया। उनका साहित्य जनजागरण को गति देने वाला साहित्य था। दीन-हीन दलित समाज की वेदना को स्वर देने का कार्य इनके साहित्य ने किया। उनके आक्रोश को जिस उतार-चढ़ाव के साथ उन्होंने वर्णित किया, वह दलित साहित्य का उत्कृष्ट उदाहरण है।

दोनों ही विचारकों ने सामाजिक समानता, न्याय एवं स्वतंत्रता, आडंबरहीन

समाज, पारस्परिक सहनशीलता का समर्थन करते हुए दलित समाज को संगठित किया। वे सांस्कृतिक जन-जागरण के पुरोधा थे। जहाँ ज्योतिबा फुले ने अपने साहित्य सृजन में उत्कृष्ट विचारों का समावेश किया, वहीं सावित्रीबाई ने भी नारी-जाति विषयक साहित्य रचकर अपनी क्रांतिदर्शी दृष्टि को सिद्ध किया। ज योतिबा को भारत का 'कार्ल मार्क्स' तक कहा गया है। उपेक्षितों और शोषितों के अधिकारों की लड़ाई में उन्होंने कई ऐसे कालजयी ग्रंथ रचे, जो कालांतर में हुए दलित सुधार आंदोलनों की नींव बने। उनके द्वारा लिखित ग्रंथों में 'गुलामगिरी', 'शेतकन्याचा आसूड', 'सत्सार भाग 1 व 2', 'सार्वजनिक सत्यधर्म', 'स्मृतिचा धिक्कार', 'ब्राह्मणाचे कसब' और 'इशारा' आदि उल्लेखनीय रचनाएँ हैं। उन्होंने 'दीनबंधु' नाम की पत्रिका का संपादन करके प्रत्येक निर्धन को न्याय देने संबंधी रचनाएँ लिखीं।

सावित्रीबाई फुले भी साहित्य-सृजन में पीछे नहीं रही। भले ही ज्योतिबा फुले के आभामंडल में उनका दर्शन उतना प्रसिद्ध नहीं रहा, पर उनकी बहुआयामी ज्ञानक्षमता निश्चय ही ज्योतिबा फुले के साहित्य को पूर्णता प्रदान करती है। उनके द्वारा लिखा गया साहित्य कम ही उपलब्ध है, पर जितना उपलब्ध है, वह उनके आंतरिक ज्ञान का दर्पण है। उन्होंने सन् 1854 में ही 'काव्यफुले' नाम का काव्यसंग्रह लिखा। 'बाबनकाशी सुबोधरत्नाकर' नाम का काव्यसंग्रह भी उपलब्ध हुआ है। उन्होंने अपने विद्वान् पति के भाषणों को भी चार भागों में कलमबद्ध किया। अपने स्वयं के भाषण भी उन्होंने लेखनीबद्ध करके रखे।

सावित्रीबाई ने उस समय समाज में व्याप्त नारी विदेशी मानसिकता को ध्वस्त किया, जब समाज घोर पुरुषप्रधान, ब्राह्मण आश्रित और पाखंडों के जाल में था। किसी ने भी कल्पना नहीं की थी कि कोई दलित नारी शिक्षा को माध्यम बनाकर उस सामाजिक ढाँचे में आमूल-चूल परिवर्तन कर देगी, जिसे स्मृतियों और ब्राह्मणों ने कल्पनालोक के भयानक वैचारिक राक्षसों से घेर दिया था। कौन कह सकता था कि जहाँ क्षत्राणी, ब्राह्मणी वैश्य स्त्रियाँ पुरुषप्रधान समाज में मात्र भोग्या थीं, वहाँ एक दलित नारी क्रांति की ज्योति जलाएगी, पर यही हुआ।

□

26

पहला अंतरजातीय विवाह

भारतवर्ष इस समय नवजागरण के दौर से गुजर रहा था और देश में राष्ट्रीयता की भावना का उदय हो रहा था। नवजागरण के इस दौर में देश में धर्मसुधार आंदोलनों की महत्त्वपूर्ण भूमिका रही। अंग्रेजों द्वारा शोषित भारतीयों के मन में आक्रोश की भावना का संचार हो रहा था। इसके अनेक कारण थे। जहाँ अंग्रेजी शासन कष्टों और शोषण से भारतीय समाज को पीड़ित कर रहा था, वहीं पश्चिमी साहित्य भारत में उपलब्ध हो रहा था। पश्चिम के बहुत से मानवतावादी विद्वान् लेखक, विचारक भारत के साहित्य और ज्ञान के संपर्क में आए। मैक्समूलर, विलियम जोंस, कीट, शैली, रूसो, मौजिनी, मार्क्स, गैरीबाल्डी, स्पेंसर, मिल्टन आदि विख्यात लेखकों के उच्च राष्ट्रवाद ने भारत की नई पीढ़ी को बहुत प्रभावित किया।

अंग्रेजी शासन ने अंग्रेजी में शिक्षा प्रदान करने की जो पद्धति चलाई, वह वास्तव में भारतीयों को जागरुक करने में सहायक सिद्ध हुई, जबकि अंग्रेजों का यह उद्देश्य कदापि नहीं था। सरकार का उद्देश्य भारतीय लोगों को क्लर्क स्तर पर नौकरी देकर अपने शासन को मजबूती प्रदान करना था, परंतु भारतीय अंग्रेजी पढ़कर जागरुक हुए।

नवजागरण काल में राष्ट्रीयता की भावना के उदय होने का एक और मुख्य कारण यूरोपीय देशों में हो रही क्रांतियाँ भी थीं। कई देशों ने साम्राज्यवाद के विरुद्ध विद्रोह कर दिया था। हंगरी ने आस्ट्रिया को अपने यहाँ से भगा दिया था। इटली और जर्मनी ने एकता का संदेश दे दिया था। अमेरिका में दास प्रथा का अंत हो गया था। इन वैश्विक घटनाओं ने भारतीय जनमानस में भी राष्ट्रीय भावना और स्वतंत्रता की इच्छा का संचार किया।

भारत में अंग्रेज सरकार केवल अपने आर्थिक हितों को पूरा करने में जुटी थी।

विश्वभर में अपने न्यायप्रिय शासन के लिए विख्यात इंग्लैंड ने भारत में जो अन्यायी व्यवस्था बनाई थी, वह धीरे-धीरे लोगों की समझ में आ रही थी। भारतीयों के साथ हर क्षेत्र में भेदभाव हो रहा था। प्रशासनिक सेवा में तो भारतीयों की भागीदारी ही नहीं थी और नागरिक सेवा में भी धाँधली की जा रही थी। जब सन् 1877 में महारानी विक्टोरिया को भारत सम्राज्ञी घोषित किया गया था तो उसी वर्ष अरविंद घोष ने आई.सी.एस. की परीक्षा उत्तीर्ण की थी, परंतु ब्रिटिश सरकार ने उन्हें नौकरी के लिए अयोग्य घोषित किया। ऐसी ही घटना सन् 1869 में सुरेंद्रनाथ बनर्जी के साथ हुई थी। इससे भारत के बुद्धिजीवी वर्ग में गहन असंतोष व्याप्त हो गया, जो ब्रिटिश शासन के लिए घातक सिद्ध हुआ।

सरकार ने जब इन बुद्धिजीवियों के समाचार-पत्रों के माध्यम से जनता को जाग्रत् करते देखा तो वाइसराय लॉर्ड लिटन ने वर्नाक्यूलर प्रेस ऐक्ट लगाकर भारतीय प्रेस को सन् 1878 में प्रतिबंधित कर दिया। इसका और भी विपरीत असर पड़ा। भारत का बुद्धिजीवी वर्ग इससे और भी सक्रियता से जनजागरण में कूद गया। 'केसरी' और 'मराठा' जैसे पत्र सरकार के विरुद्ध आग उगलने लगे। भारतीय साहित्य में राष्ट्रीय का सृजन होने लगा और देशप्रेम उबाल लेने लगा।

इन सबके अतिरिक्त भारत में राष्ट्रीय भावना के उदय होने का प्रमुख कारण धर्म एवं समाज सुधार आंदोलन रहे। राजा राम मोहन राय के 'ब्रह्म समाज', स्वामी दयानंद सरस्वती के 'आर्य समाज' (सन् 1875), सर सैयद अहमद खाँ के शिक्षा हेतु अलीगढ़ आंदोलन (सन् 1875), ज्योतिबा और सावित्रीबाई का 'सत्य शोधक समाज' आदि संस्थाओं ने समाज में व्याप्त अज्ञान के तिमिर को शिक्षा का द्वीप जलाकर दूर कर दिया था। अंग्रेजी शासन से उत्पीड़ित, निराश एवं दुखी भारतीयों में आत्म-विश्वास का संचार होने लगा था। अंग्रेजी शासन को विदेशी लुटेरों का शासन कहा जाने लगा और स्वाधीनता की बात सोची जाने लगी। धार्मिक आंदोलनों ने धर्मों में व्याप्त आडंबरों, पाखंडों और पुरोहितवाद का लगभग समापन किया। कथित धर्मधुरंधरों की पोल खुली और जनमानस में उनका प्रभाव कम होने लगा। शैक्षिक आंदोलन तो राष्ट्रीयता का आधार थे ही। अज्ञानता और रूढ़िवादिता को शिक्षा ने परास्त किया और बुद्धिवादी दृष्टिकोण और तार्किक चिंतन का विकास होने लगा। आँख मूँदकर पाखंड और पाखंडों पर विश्वास करने वालों की संख्या में कमी आने लगी। शिक्षित लोगों का एक बड़ा वर्ग तैयार हो जाने से कितनी ही कुप्रथाओं का अंत भी हुआ।

इन सबके बीच जो सबसे मुख्य बिंदु था, वह स्त्री शिक्षा थी जिसने दो-तीन

दशकों में ही देश का कायाकल्प कर दिया और इसका श्रेय फुले दंपती को जाता है, जिन्होंने शिक्षा की नींव रखी। इससे जो नई पीढ़ी सामने आई, उसमें नए प्रकार के विचारों का प्रादुर्भाव देखने को मिला। पुरानी पीढ़ी जहाँ राजपद्धति को मान्य करके अंग्रेजी शासन को स्वीकार करते हुए आवेदनों, प्रतिवेदनों और प्रार्थना-पत्रों से न्यायी शासन की माँग करते थे, वहीं नई पीढ़ी को स्वशासन के अतिरिक्त कुछ नहीं चाहिए था। यह पीढ़ी अंग्रेजी शासन को अमान्य करती थी। इस पीढ़ी का मानना था कि इंग्लैंड और भारत की भिन्न प्रकृति है और भारत में इंग्लैंड का शासन किसी भी दृष्टिकोण से स्वीकार नहीं किया जा सकता। यह शिक्षा का प्रभाव था।

फुले दंपती ने शिक्षा के महत्त्व को जाना-समझा और ऐसे समय में इसे रोपा, जबकि परिस्थितियाँ विषम थीं। सफलता की संभावनाएँ धूमिल थीं। किसी भी प्रकार के साधन-संसाधनों का तो अभाव था ही, साथ ही एक व्यापक शक्तिशाली सामाजिक व्यवस्था और पुरोहितवाद का अवरोध भी सामने था। कहते हैं कि नींद में सपने आ जाते हैं, परंतु कुछ लोग खुली आँखों से सपने देखते हैं और उन्हें साकार करने की दिशा में जी जान से जुट जाते हैं। वे तभी चैन लेते हैं, जब उसे साकार कर लेते हैं। ज्योतिबा और सावित्रीबाई ने भी वह कर दिखाया था, जिसे कर पाना असंभव घोषित कर दिया गया था। अमराई में जमीन पर आरंभ हुए लकड़ी की कलम का अक्षर-ज्ञान आज देशभर में स्त्रीशित्रा की अलख जगा चुका था।

यह सावित्रीबाई ही थीं, जो ज्योतिबा फुले के विचारों पर गहन मंथन करने के पश्चात् सटीक परामर्श देती थीं। ज्योतिबा ने भी अपनी विदुषी पत्नी की वैचारिक क्षमता का पूरा लाभ उठाया। उन्होंने जब भी कुछ नया सोचा, उसकी चर्चा अपनी पत्नी से की और उस पर पूरा विचार-विमर्श किया। इससे विचार में जितने भी दोष और त्रुटियाँ होती थीं, सब अलग हो जाती थीं। विचार पूर्ण शुद्ध और समाजहित योग्य बन जाता था। जब वह धरातल पर आता था, उसके प्रभाव अपेक्षित होते थे। यह परस्पर दो ज्ञानपुंजों के चिंतन से उपजे विशुद्ध विचारों का परिणाम होता था।

सावित्रीबाई ने अपने पति के साथ मिलकर नारी-समाज को जो दिया, वह किसी दैवीय वरदान से कम नहीं है। समाज का आधा हिंस्सा होने के बाद भी नारी जिस प्रकार उपेक्षित थी, वह करुण स्थिति थी। उसे किसी अधिकार के योग्य ही नहीं समझा गया। पुरुष की दासता ही उसकी नियति थी। पुरोहितों की आज्ञा और पुराणों के थोथे उपदेशों को सुन-सुनकर स्त्री स्वयं ही शनैः-शनैः इस दासता को समर्पित हो गई थी। वह इसी को अपनी धन्यता मानने लगी थी। लगता ही नहीं था कि कभी नारी अपनी मुक्ति के विषय में सोचेगी, मगर सावित्रीबाई ने न सिर्फ

सोचा, बल्कि नारी की मुक्ति का मार्ग प्रशस्त कर दिया। उन्होंने हर उस कुप्रथा पर प्रहार किया, जिसने नारी की दयनीयता को स्थापित कर रखा था। नारी के जन्म से मृत्यु तक के सभी अधिकारों का खुला माँग-पत्र समाज के सामने रखा और उसे स्वीकार कराया।

भारत में अंतरजातीय विवाह की कल्पना तो शायद उस कालखंड में किसी ने भी नहीं की होगी। पुरुष समाज का ऐसा नियम था कि वासनापूर्ति के लिए नारी की जाति, धर्म, वर्ण आदि नहीं देखता था, परंतु विवाह केवल स्वजातीय कन्या से ही करने की परंपरा थी। अंतरजातीय विवाह को मान्यता देने की बात उन दिनों पंजाब में चले कूका आंदोलन में उठी थी, जिसे कहीं भी स्वीकारा नहीं गया था। सावित्रीबाई ने इस विषय पर गहन विचार-विमर्श करके अपने पति के साथ मिलकर इस प्रतिबंध की दीवार पर जो ठोकर लगाई, उसने समूचे भारत को स्तब्ध कर दिया।

फुले दंपती का दत्तक पुत्र यशवंत उच्च शिक्षित होकर डॉक्टरी पढ़कर माता-पिता की तरह समाज-सेवा करने योग्य हो गया था। 16 वर्षीय डॉक्टर यशवंत अब विवाह योग्य था। फुले दंपती ने यशवंत का विवाह हडपसर गाँव निवासी ज्ञानवा कृष्णराय ससाणे की पुत्री राधाबाई से तय किया। इस सूचना ने ही सनातनियों को भड़का दिया था, परंतु वे कुछ नहीं कर सकते थे। औपचारिक हो-हल्ला मचा सकते थे, जिससे कि उनके अस्तित्व को लुप्तप्राय न मान लिया जाए।

4 फरवरी, 1889 को यशवंत और राधाबाई का विवाह हुआ, जो महाराष्ट्र का पहला 'अंतरजातीय विवाह' था। सावित्रीबाई ने विरोधियों को अपने सत्यशोधन के तर्कों से न केवल परास्त किया, बल्कि समाज में अंतरजातीय विवाह को मान्यता दिलाई। नारी-उत्थान का एक मार्ग और प्रशस्त हो गया था। सावित्रीबाई का नारी-उत्थान का संकल्प अपनी पूरी आभा के साथ भारतीय नारी समाज को आलोकित कर रहा था।

□

27

ज्योतिबा फुले का महाप्रयाण

भारत के राष्ट्रीय जागरण की महान् घटनाओं में से एक भारतीय राष्ट्रीय कांग्रेस की स्थापना भी है, जिसने भारत की आजादी के लिए शून्य पड़े राजनीतिक मोर्चे की बागडोर सँभाली। सांस्कृतिक, धार्मिक और सामाजिक जागरण जो अपने यौवनकाल में थे, उस समय परिपक्वता की ओर बढ़ चले थे। लोगों में राष्ट्रीय चेतना जाग्रत् हो गई थी। ऐसे में कोई राजनीतिक मंच ही उसे संगठित कर सकता था। किसी भी राष्ट्र में राजनीतिक नेतृत्व का होना अनिवार्य है, जिससे मानवाधिकारों की सुरक्षा सुनिश्चित होती है। जहाँ निरंकुश और बेलगाम शासन हो, वहाँ राजनीतिक पद्धति की आवश्यकता बढ़ जाती है। भारत में अभी तक इस दिशा में कोई प्रयास नहीं हुआ था। भारत की तरफ से यदि उस कालखंड में किसी राजनीतिज्ञ का नाम आता है तो वे दादाभाई नौरोजी थे, जो पिछले चार दशक से इंग्लैंड में रहकर भारतीय जनमानस को राजनीतिक प्रतिनिधित्व दे रहे थे। 'अकेला चना भाड़ नहीं फोड़ सकता' की तर्ज पर दादाभाई नौरोजी के सभी प्रयास असफल सिद्ध हो रहे थे। वे 'हाउस ऑफ कॉमंस' में भी भारतीय हितों की बात उठाते, परंतु उनकी कोई न सुनता। इंग्लैंड की अनुदारवादी सत्ता पार्टी उस महान् विद्वान् के तर्कों, दलीलों को भारत में ब्रिटिश सरकार के कुशासन के साक्ष्यों को बड़ी बेशर्मी से अस्वीकार कर देती थी, फिर भी दादाभाई नौरोजी कभी निराश नहीं हुए थे।

ऐसे भारत में राजनीतिक शून्यता को भरने का विचार एक अंग्रेज अधिकारी ए.ओ. ह्यूम को आया। वे मानवतावादी दृष्टिकोण वाले सहृदय अंग्रेज थे और भारत में पिछले कुछ समय से उभर रहे राष्ट्रवाद का अनुभव कर चुके थे। 19वीं शताब्दी के सातवें दशक में जनचेतना ने गति पकड़ी थी और आठवें दशक में लंबी छलाँग लगाकर अब राजद्रोह की स्थिति में आ गई थी। इस जनचेतना को

संगठित रखने के लिए भारतीयों की अपनी राष्ट्रीय संस्था का होना आवश्यक था। ह्यूम ने अपने इस विचार से भारत के बुद्धिजीवी वर्ग को अवगत कराया और 28 दिसंबर, 1885 में अखिल भारतीय राष्ट्रीय कांग्रेस की स्थापना हो गई, जो धीरे-धीरे समूचे भारतीयों की राजनीतिक संस्था के रूप में स्वीकार कर ली गई थी। इससे देश में राजनीतिक आंदोलन की शुरुआत हो गई थी। इस राजनीतिक मंच ने अगले कुछ वर्षों में ही देश भर के बुद्धिजीवियों को एक मंच पर ला दिया था और स्वतंत्रता के लिए जोर-शोर से प्रयास होने लगे थे। हालाँकि आरंभ में कांग्रेस का रुख उदारवादी ही रहा, लेकिन सन् 1887 तक इसमें उग्र विचारवाले राष्ट्रभक्तों के आने से यह ब्रिटिश सरकार की आँखों में शूल की तरह चुभने लगी।

सन् 1888 में कांग्रेस की ब्रिटिश समिति बनी, जो 'इंडिया' पत्रिका के माध्यम से भारत के राजनीतिक समर्थन के लिए ब्रिटेन में कार्य करती थी। इंग्लैंड की जनता को भारत और भारतीयों की स्थिति से अवगत कराने का कार्य होने लगा। हालाँकि यह महान् कार्य दादाभाई नौरोजी कई दशकों से करते आ रहे थे। उनके प्रयासों से इंग्लैंड में बहुत से लोग भारत के प्रति सहानुभूति रखने लगे थे।

इस राजनीतिक जागरण को परिप्रेक्ष्य में देखा जाए तो इसकी नींव में भी वही शैक्षिक जागरण नजर आता है, जिसका आरंभ लगभग चार दशक पहले फुले दंपती ने अमराई की छाँव में किया था। उसी शैक्षिक जागरण से देश में ऐसी शिक्षित पीढ़ी का विकास हुआ था, जो ब्रिटिश शासन को उसकी ही भाषा में प्रश्न पूछ भी सकती थी और उत्तर भी दे सकती थी। यह शिक्षित पीढ़ी राष्ट्र को एकसूत्र में बाँधने की दिशा में प्रयासरत थी। इससे इतर ज्योतिबा फुले और सावित्रीबाई फुले अपने कार्यों में लीन थे। वे जानते थे कि स्वतंत्रता का पहला चरण शैक्षिक स्वतंत्रता ही है, इसीलिए वे इसी ओर अधिक प्रयासरत रहे। अब तक उन्होंने जो भी किया था, उसका स्पष्ट प्रभाव अवश्य दिखने लगा था, परंतु कार्य अभी संपन्न नहीं हुआ था। खेतिहर मजदूर, श्रमिक वर्ग, बँधुआ प्रथा, साहूकारी, ठाकुरवाद जैसे अभी ऐसे कई मुद्दे थे, जिन पर कार्य होना शेष था। ये जड़ें समाज में गहरी जमी थीं। पुरोहितवाद ने जो मकड़जाल रचा था, उसमें अधिकांश झूठ और पाखंड आधार बना था, जिसे सत्यशोधन के माध्यम से काट देने में सफलता मिली थी, परंतु श्रमिक दासता तो नितांत गणितीय आर्थिक जाल था, जिसे काटने के लिए ठोस कानूनों, सरकारी सहयोग, सामाजिक जागरूकता और आर्थिक विषमता को दूर करने जैसे तत्त्वों की आवश्यकता थी। भूमि का

असमान वितरण, दलित वर्ग का भूमि पर अधिकार न होने से यह प्रक्रिया बड़ी कठिन थी। फुले दंपती इन्हीं के समाधान में माथापच्ची करते रहते थे।

यशवंत फुले के विवाह के बाद घर में खुशियाँ आ गई थीं। राधाबाई एक शिक्षित, सुशील और संस्कारी बहू थी, जो अपने सास-ससुर की सेवा में जुटी रहती थी, परंतु होनी को कुछ और ही स्वीकार था। सन् 1890 में ज्योतिबा फुले की मृत्यु हो गई। यह एक महान् आत्मा का महाप्रयाण था। समाज और संसार को सत्य से परिचित करानेवाले महात्मा ज्योतिबा का जीवन चरित्र एक ऐसे महान् और भव्य व्यक्तित्व की झाँकी था, जिसने धाराओं को मोड़ दिया।

सत्य से परिचित और मृत्यु की शाश्वतता को स्वीकारते हुए सावित्रीबाई फुले ने साधारण नारी की भाँति व्यवहार नहीं किया। वे स्वयं को सँभाले रहीं और अपनी पति की परिकल्पना की बागडोर अपने हाथों में ले ली। यही समय की माँग थी।

ज्योतिबा फुले की मृत्यु पर उनके अनुयायी बहुत दुखी हुए थे। करुण विलाप से वातावरण दुखमय हो गया था। ऐसे में सावित्रीबाई फुले ने ही अनन्य धैर्य का परिचय देते हुए दुखी लोगों को समझाया।

''यह एक महात्मा के महानिर्वाण उत्सव को करुण क्रंदन से भर देने का समय नहीं है। एक शरीर को प्राकृतिक नियमों को मानना होता है और यही महात्मा जी ने भी किया। मृत्यु एक शाश्वत सत्य है और इस सत्य को महात्माजी ने कई बार आप लोगों के सामने उद्‌भाषित किया है, फिर आप सब क्यों इस प्रकार शोकमग्न हैं ? इससे उनकी ही शिक्षा पर संदेह करने का आरोप आप क्यों लेते हैं! वे आज भी हमारे बीच में अपने विचाररूप में विराजमान हैं। उन्होंने हमें वे सभी मार्ग दिखाए हैं, जो इस मानव समाज को उन्नति की ओर ले जाते हैं। क्या कोई अध्यापक सदैव अपने छात्र के साथ शरीर रूप में रहता है! नहीं, वह अपने ज्ञानरूप में छात्र का सदैव मार्गदर्शन करता है। महात्माजी ने अपने अपार ज्ञान से हमें सिंचित किया है और अब हमारा दायित्व है कि हम इस समाज को सुंदर बगीचे के रूप में विकसित करें, जहाँ ज्ञान के पुष्प खिलते हैं।''

सावित्रीबाई ने महात्मा फुले के विचारों को हृदयंगम करके बड़ी कुशलता से उनका संपादन करना आरंभ कर दिया। उनमें अधीरता तो कभी दिखी ही नहीं थी। यह महान् विचारों का प्रभाव था कि उस विदुषी ने नारी के उस रूप को धारण किया, जिसमें ज्ञान की आभा, गंभीरता का आकर्षण और दायित्व

निर्वाह का संकल्प स्पष्ट झलकता है। उन्होंने बड़ी सूझ-बूझ से सभी सामाजिक क्षेत्रों का संचालन सँभाल लिया। सत्यशोधक समाज के अध्यक्ष पद पर उन्होंने उस समय के प्रकांड विद्वान् गोपालराव हरी देशमुख को नियुक्त किया, जो 'लोकहितवादी' के उपनाम से जाने जाते थे। सावित्रीबाई के कुशल मार्गदर्शन में महात्मा ज्योतिबा फुले की परिकल्पना समाज के उद्धार के लिए निरंतर आगे बढ़ती रही।

□

28

सतत सक्रियता का पुरुषार्थ

उन्नीसवीं शताब्दी का अंतिम दशक भारत के दृष्टिकोण से एक परिवर्तनकारी दशक रहा। जिस भारत को अशिक्षा और अज्ञानता के कारण अंग्रेजों की दासता स्वीकार करनी पड़ी थी, उसके ज्ञान और शिक्षा का डंका इसी दशक में समूचे विश्व में गूँजने लगा था। इसी दशक में महात्मा गांधी बैरिस्टर बनकर एक मुकदमा लड़ने साउथ अफ्रीका गए थे और वहाँ अश्वेतों व दास प्रथा के विरुद्ध अहिंसा आंदोलन का सफल प्रयोग करके भारतीय संस्कृति के 'अहिंसा परमोधर्मः' की शक्ति का परिचय सारे विश्व को दिया। इसी दशक में अमेरिका के शिकागो में होने वाले विश्व धर्म सम्मेलन में स्वामी विवेकानंद ने भारतीय धर्म और वेदांत का वैश्वीकरण करने वाला प्रभावशाली भाषण दिया, जिसे विश्वभर में स्वीकारा गया। यह भारत की बौद्धिक संपदा और दर्शन शास्त्र की व्यापकता का दशक सिद्ध हुआ, जिसने शेष विश्व की भारत की ओर देखने के लिए उत्सुक किया। इसी दशक में भारत के वयोवृद्ध अर्थशास्त्री, राजनीतिज्ञ दादाभाई नौरोजी ने ब्रिटिश शासन के सामने भारत में ब्रिटिश सरकार के आय-व्यय का वह दुर्लभ आँकड़ा पेश किया, जो खुद ब्रिटिश सरकार के पास नहीं था। इससे इंग्लैंड की उदारवादी पार्टी बहुत प्रभावित हुई और उसने भारत के समर्थन में आवाज उठाई।

यही दशक भारत में थियोसॉफिस्ट विचारों के पल्लवन का माना जाता है, जब थियोसॉफिकल सोसाइटी ने ब्रह्मज्ञान के परिचय के रूप में भारत को मुख्य केंद्र चुना और श्रीमती ऐनी बेसेंट भारतीयता की उदाहरण बनीं। यूरोप, अफ्रीका और अमेरिकी महाद्वीपों में भारत की लोकप्रियता जितनी बढ़ रही थी, उसी अनुपात में भारत की स्वतंत्रता का वैश्विक समर्थन बढ़ रहा था। अंग्रेज

सरकार के अनीतिपूर्ण शासन का भंडाफोड़ होने पर उसके उपनिवेशी साम्राज्य में हलचल मच गई थी और ब्रिटिश शासन को अपनी ऊर्जा और शक्ति अपने वर्चस्व को बचाए रखने में खर्च करनी पड़ रही थी। यूरोप के विद्वान् अंग्रेजी शासन की निंदा करने लगे थे, जिसका गहरा प्रभाव इंग्लैंड के जनमानस पर पड़ रहा था और परतंत्र देशों के प्रति उनकी साहनुभूति बढ़ रही थी।

इस परिप्रेक्ष्य में भारत में भी कम सुप्रयास नहीं हो रहे थे। शिक्षा के क्षेत्र में भारत को आगे बढ़ाने के लिए कई बड़े शिक्षा केंद्र स्थापित हो गए थे, जहाँ भारतीय छात्र उच्च शिक्षा प्राप्त कर रहे थे। यद्यपि उच्च शिक्षा के लिए भारत में अंग्रेज सरकार ने भी शैक्षणिक गतिविधियों को तवज्जों दी थी, परंतु उसकी शिक्षा नीति का आधार ब्रिटिशभक्त उच्च शिक्षित भारतीय तैयार करना था। सन् 1857 में ही भारत की तीनों बड़ी प्रेसीडेंसी में विश्वविद्यालयों की स्थापना करके ब्रिटिश सरकार और उसके कुटिल नीतिकारों ने भारत की नई पीढ़ी को अपने जाल में फँसाने की व्यवस्था कर ली थी, परंतु देशी शिक्षा के लिए उपलब्ध छोटे विद्यालयों ने अंग्रेजों की इस चाल को असफल कर दिया था और अंग्रेजी शिक्षा नीति को उसके ही खिलाफ हथियार बना लिया था। लॉर्ड मैकाले की शिक्षा-पद्धति ब्रिटिश शासन के हितों का संरक्षण करने वाली थी, परंतु इसने वास्तव में भारतीय हितों की दिशा में शानदार काम किया।

भारत में बढ़ते शिक्षा स्तर का अंदाजा इस बात से लगाया जा सकता है कि इस सदी के अंतिम दशकों में दर्जन भर से अधिक भारतीय समाचार-पत्र भारतीय भाषाओं में प्रकाशित हो रहे थे और सबका मुख्य ध्येय राष्ट्रीय भावना को मजबूत करना था। वैचारिक शक्ति के प्रवाह का माध्यम समाचार-पत्र, पत्रिकाएँ बन चुके थे। जिस भारत में अक्षरज्ञान का अभाव था, वहाँ अब वैचारिक अभिव्यक्ति एक सशक्त माध्यम बन गई थी।

सावित्रीबाई फुले ने जब सत्यशोधक समाज का कार्यभार सँभाला तो उनको दलित समाज ने राजनीति में आने को कहा। स्वयं महात्मा ज्योतिबा फुले राजनीति को अपने लिए एक ऐसा विषय मानते थे जिसके बारे में उनका अनुभव शून्य था। यद्यपि सन् 1878 में उन्हें पूना म्यूनिसिपैलिटी का सक्रिय सदस्य चुना गया था, परंतु इस पद पर छह साल रहकर भी ज्योतिबा फुले ने कभी ऐसा प्रकट नहीं होने दिया कि वे राजनीति में दिलचस्पी रखते हैं। वे सदैव लोगों की सेवा में जुटे रहे। उनकी पहली पुण्यतिथि पर सावित्रीबाई

फुले ने एक सभा का आयोजन किया, जिसमें महाराष्ट्र के बड़े-बड़े विद्वानों ने हिस्सा लिया। यह एक विचार-गोष्ठी थी।

इसमें महाराष्ट्र के प्रख्यात विद्वान् नारो बाबाजी पाटिल भी सम्मिलित थे, जिन्होंने महात्मा ज्योतिबा फुले की जीवनी 'महात्मा फुले मांचे' लिखी। इस पुस्तक को इसी सभा में सामने लाया गया। बाबाजी महाघट पाटिल ने अपने विचार व्यक्त करते हुए कहा, "आज दलितों के मसीहा, नारी समाज के उद्धारक, श्रेष्ठ विद्वान् और अलौकिक व्यक्तित्व के धनी महात्मा फुले हमारे बीच नहीं है, परंतु उनके विचारों को पूर्ण रूप से ग्रहण किए उनकी साध्वी पत्नी उनके प्रत्येक विचार को उसी प्रकार क्रियान्वित कर रही हैं, जैसा महात्मा जी चाहते थे। महात्मा फुले ने जो नींव रखी, उस पर एक भव्य समाज का निर्माण करने का दायित्व हम सबका है। इन देवतुल्य नारी शक्ति-पुंज को हम जिस प्रकार भी सहयोग दे सकें, दें और अपने प्रिय महात्मा जी के स्वप्नों को साकार करने में प्रयासरत रहे। उनके कार्यों ने किसी वर्ग विशेष को ही लाभान्वित नहीं किया, अपितु समाज के प्रत्येक व्यक्ति को लाभान्वित किया है। देखा जाए तो महात्मा फुले के घोर विरोधी धर्माचार्यों को भी उनके कार्यों से लाभ प्राप्त हुआ और वह निरंतर पाखंडी योजनाएँ बनाने, आडंबर रचने, मिथ्या बोलने के पापकर्म से बच गए। यह लाभ उन्हें संभवतः मनुस्मृति ने भी नहीं दिया।"

बाबाजी की इस बात पर सभागार करतल ध्वनियों से गूँज उठा।

"महात्मा फुले के पावन विचार और पुण्य कार्य संसार को सामाजिक समानता का संदेश देते हैं। जिस सत्य की खोज में ऋषि-महर्षि जुटे रहते हैं, उसे महात्माजी ने हमें अपने अनुभवों से ज्ञात करा दिगा। गह सत्यशोधक रागाज ऐसी छलनी है जिसमें प्रचलित मान्यताओं का सार छनकर सामने आता है और उन धारणाओं को समाज से पृथक् कर देता है, जो ईश्वरीकृत न होकर मानवीकृत है और उनका उद्‌देश्य मानव में एक वर्ग विशेष का तुष्टीकरण करना मात्र है। महात्माजी ने इस सत्यशोधन प्रक्रिया से पुरोहितवाद को परास्त किया है।"

सभी ने बाबाजी की इस बात का करतल ध्वनि से स्वागत किया।

"आज महात्मा फुले के विशाल कार्यक्षेत्र का दायित्व विदुषी सावित्रीबाई ने अपने कंधों पर उठा लिया है और बड़ी सफलता से उसका निर्वाह भी कर रही हैं। अपने जीवन को मातृभाव से समाजहित में समर्पित करके इन्होंने भारतीय नारी के मातृरूप को गौरवान्वित किया है। जिस प्रकार संसार के सभी

माता-पिता संतान के वयस्क होने पर उसे सहयोग और आश्रय की इच्छा रखते हैं, वैसे ही हम सबको इन लोकमाता के बड़े दायित्व की पूर्ति में इनका सहयोग करना होगा। तन, मन और धन से समाजहित के कार्यों को सतत रखना होगा। किसी भी प्रकार के अभाव के कारण यदि यह पुण्यकार्य बाधित होता है तो यह हमारे लिए लज्जा की बात होगी। जिन माता-पिता ने हमें सद्मार्ग दिखाया, ज्ञान प्रदान किया है, इस योग्य बनाया कि हम सत्-असत् का भेद जान सकें, उनके लिए हमें अपना सर्वस्व निछावर करके भी उनके सपनों को साकार करना चाहिए।''

बाबाजी महाघट की यह अपील सभी ने सुनी और समझी। सभा में मौजूद बड़ौदा रियासत के महाराज सयाजी गायकवाड़ के प्रतिनिधि ने उसी समय महाराज की ओर से घोषणा की—''महात्मा फुले के पुण्यकार्य में बड़ौदा रियासत के महाराज श्रीमान बहादुर सयाजी गायकवाड़ अपना सहयोग देने के इच्छुक हैं। उन्होंने इस महान् कार्य की गति को सतत बनाए रखने की दिशा में संस्था को प्रतिमाह 50 रुपए देने और रियासती संरक्षण प्रदान करने का निर्णय किया है।''

सावित्रीबाई फुले ने स्वयं इस निर्णय का अभिनंदन करते हुए महाराज गायकवाड़ की दीर्घायु की कामना की। वास्तव में उनके महान्, विस्तृत कार्य में धनाभाव से बाधाएँ आ रही थीं। समाज में स्वास्थ्य, शिक्षा आदि व्ययों को संतुलित करने के लिए धन आवश्यक था और इसके लिए दानवीर लोगों का ही आश्रय था। यद्यपि बहुत से सहृदय भारतीय इस पुण्यकार्य में धन से सहयोग कर रहे थे और साथ ही कई सहृदय अंग्रेज अधिकारी भी इस सूची में थे, परंतु कार्य अधिक थे और धनाभाव बना ही रहता था। इस सभा में बहुत से दानवीरों ने संस्था को आर्थिक सहयोग देने का वचन दिया।

सन् 1893 में लोकहितवादी गोपालराय हरि देशमुख की भी मृत्यु हो जाने से सावित्रीबाई को सत्यशोधक परिषद् की अध्यक्षा का भी दायित्व सँभालना पड़ा। विद्यालय, विधवा-आश्रम, स्वास्थ्य सेवा, शिशु सुरक्षा, वैचारिक गोष्ठियाँ, श्रामिक उत्थान आदि कितने ही समाजहित के कार्यों का कुशल संचालन उन्होंने कैसे किया, यह आश्चर्य है! उनका सारा समय इन्हीं कार्यों में व्यतीत होता था। उनकी ऊर्जा व निष्ठा देखकर उनके सहयोगी चकित रह जाते थे। आलस्य तो जैसे उन्हें छू भी नहीं गया था। जरा सा समय मिल जाता तो वे स्वाध्याय को समर्पित कर देतीं। उनकी अतिव्यस्तता के कारण स्वास्थ्य खराब होने से चिंतित

उनके पुत्र यशवंत और पुत्रवधू राधाबाई ने उन्हें विश्राम करने की प्रार्थना की।

"विश्राम तो चिर होना चाहिए, उससे पहले तो सतत सक्रियता ही पुरुषार्थ है।"

सावित्रीबाई का यह दर्शन उनकी जुझारू प्रकृति को दरशाता है।

□

29

प्लेग के प्रकोप में सेवा-भाव

सन् 1896-97 में एक बार फिर प्रकृति ने कुपित होकर महाराष्ट्र समेत देश के कई हिस्सों को तहस-नहस कर दिया। यह कोढ़ में खाज जैसी स्थिति थी। कृषि आधारित जीवन में पहले ही इतनी समस्याएँ थीं कि बहुत से लोगों को भरपेट भोजन नहीं मिल पाता था। जमींदार वर्ग इतना कठोर था कि इन गरीबों को भूखे पेट श्रम करते रहने पर विवश करता था। लगान की दरें इतनी थीं कि सालभर धूप-ताप सहकर किसान अन्न का जो ढेर पैदा करता था, वह उसके घर तक आते-आते परिवार के लिए भी पर्याप्त नहीं हो पाता था। लगान वसूली में किसी प्रकार की छूट या दयाभावना का अंश तक नहीं था।

किसान को लगान न चुका पाने की स्थिति में इतनी शारीरिक प्रताड़नाएँ दी जाती थीं कि ऐसा विचार भी किसानों के दिमाग में नहीं आता था। ऊपर से महाजनों, साहूकारों का ऋण ऐसा मकड़जाल था, जिसमें भूल से भी कोई फँस जाता तो मरकर भी पिंड न छूटता। साहूकारी व्यवस्था इतनी जटिल थी कि आम आदमी चाहकर भी चैन से नहीं जी सकता था। ऐसे समय में कहीं बाढ़ और कहीं सूखा जनमानस पर दैवीय प्रकोप नहीं था तो क्या था! बंगाल बाढ़ से जूझ रहा था और महाराष्ट्र प्लेग से। प्लेग को क्षेत्रीय भाषा में 'ताउन' कहा जाता था।

सामाजिक संस्थाएँ ऐसे संकेत मिलने पर ही सक्रिय हो जाती थीं और इसके प्रभाव को कम करने के लिए अग्रिम तैयारियाँ कर लेती थीं। ब्रह्म समाज, आदि ब्रह्म समाज, रामकृष्ण मिशन, प्रार्थना समाज, आर्य समाज आदि ऐसी अनेक संस्थाएँ देशभर में कार्यरत थीं। महात्मा फुले की सत्यशोधक समाज इनमें अग्रणी थी। सावित्रीबाई की दूरदर्शिता थी कि वह प्राकृतिक आपदा की प्रतीक्षा नहीं करती थीं। वे बीस वर्ष पहले अकाल पीड़ितों की दुर्दशा देख चुकी थीं।

अतः ऐसे आपातकाल के लिए उन्होंने संस्था में नियमित संचय कोष स्थापित किया था। उन्होंने पुणे में इन आपदा संकेतों को भाँपकर अपनी संस्था के सभी सदस्यों को सचेत कर दिया।

"आप सभी जानते हैं कि महाराष्ट्र इस समय जिस विकट परिस्थिति से जूझ रहा है। प्राकृतिक संकेतों को समझा जाए तो यह किसी भयानक महामारी के फैलने के संकेत हैं। जैसा कि हम अपने क्षेत्र की जलवायु से परिचित हैं और विशेषज्ञों ने भी कहा है कि ये प्लेग के लक्षण हैं। यह भयानक महामारी लाखों जीवन छीन लेती है। इस महामारी की प्रवृत्ति ऐसी है कि लोग इससे पीड़ित लोगों की सहायता करने से भी कतराते हैं। इसके लिए चिकित्सा साधनों की आवश्यकता है। यद्यपि हम सभी प्रयास करेंगे कि सरकारी उदासीनता न हो, पर इस विषय में आश्वस्त नहीं हुआ जा सकता। कुछ तो अंग्रेजों की नीयत ही भारतीयों के प्रति ठीक नहीं है, दूसरे यह बीमारी ऐसी है, जिसमें राहतकर्मी पूरे समर्पण और निष्ठा से राहत करें, आशा नहीं है। सबको अपना डर रहता ही है, इसलिए हमें अपनी क्षमता के अनुसार योजना बनानी होगी।"

सभी ने सावित्रीबाई की बात का समर्थन किया।

"महात्माजी की प्रेरणा से हमने ऐसे किसी आपदाकाल के लिए जो संचय कोष बनाया था, उसमें संचित धन का ब्योरा आप सबके सामने हैं। इससे हम अन्न सत्र चलाएँ, पीड़ितों के उपचार की व्यवस्था करें और चल रहे कार्यों की मद में कटौती करें, जिससे इस स्थिति से निपटा जा सके। इसके साथ ही हमें समाज के उन दानी पुरुषों को भी प्रेरित करना होगा, जो ऐसे समय में आगे बढ़कर इस संकट में आर्थिक सहायता करें। साहूकारों, महाजनों, अमीरों को प्रेरित किया जाए। सौभाग्य से हमारा पुत्र यशवंत इस विषय में हमारा मार्गदर्शन करने को उपलब्ध है।"

"बाईजी!" एक सज्जन ने गंभीरता से कहा, "साहूकार, महाजनों में से अधिकांश की प्रवृत्ति बड़ी कठोर और कंजूसी भरी है। यह वर्ग दयाभाव नहीं रखता। दान की महिमा पर इनका विश्वास नहीं है। कई तो दरवाजा बंद कर लेते हैं और कई बहाने बनाकर टरका देते हैं। कुछ तो यहाँ तक कहते हैं कि जनसेवा के नाम पर कितनी संस्थाएँ चल रही हैं। सबको दान देना किसके वश में है। पुरोहितों ने श्रद्धानुसार दान देना बताया है और वह हम फलाँ संस्था को दे चुके, जबकि वास्तविकता यह होती है कि वे किसी को कुछ भी नहीं देते।"

''यह मानवीय प्रवृत्ति है और इस पर किसका जोर है, फिर भी हमें प्रयास तो करने ही चाहिए कि ऐसे कठोर लोग पिघलें। हृदय तो उनके पास भी होता है।''

''उस हृदय में मानवता का अंश भी तो होना चाहिए।''

''यह हमारा विचार नहीं है। मानव है तो मानवता भी अवश्य होती है। मानव और मानवता एक-दूसरे से विलग नहीं होते, परंतु यह आलसी और हठी गुण है, जो मानवता होते हुए भी सुषुप्त हो जाता है। इसके लिए इसे जाग्रत् करना पड़ता है। आप ऐसे लोगों की यदि सूची भी रखते हैं तो हमें दीजिए। हम स्वयं उनके पास जाएँगे।''

''अभी तो सूची नहीं है, परंतु तैयार कर लूँगा, क्योंकि मैं व्यक्तिगत रूप से ऐसे कई लोगों को जानता हूँ, जो सक्षम होते हुए भी दान के नाम पर एक आना भी खर्च नहीं करते। हाँ, पाखंड के लिए इनका हाथ खुला रहता है। पुरोहित कहे कि मूर्ति पर दूध चढ़ाने से लक्ष्मी प्रसन्न होगी, तांत्रिक ताबीज देकर धनागम की बात करें तो ये लोग खुशी-खुशी धन खर्च करते हैं।''

''लोकहितवादी कहा करते थे कि मेरी यह धारणा है कि ऐसे निर्दयी, मूर्ख और अंधे लोग चार खंडों में भी कहीं नहीं मिलेंगे, जो मानवता से कोरे हैं। हमें अपना समय इनके विषय में सोचकर नहीं गँवाना। हर क्षण मूल्यवान है। हम सभी को कार्य बाँटकर पूरी लगन और निष्ठा से समर्पित होना है।'' सावित्रीबाई ने कहा।

सावित्रीबाई ने अभियान की रूपरेखा तैयार की और सभी को उनके काम समझाए। इसके पश्चात् उनके कुशल नेतृत्व में संस्था के लोग अपने-अपने काम पर लग गए। लोगों को स्वच्छता के प्रति जागरूक करके प्लेग के खतरे को कम करने की दिशा में संस्था का एक दल काम कर रहा था तो दूसरा दल प्लेग को पालने वाले चूहों को न पनपने देने के उपायों से लोगों को परिचित कर रहा था। इसमें बिल्लियाँ तक पालने के उपायों को भी गंभीरता से बताया जा रहा था। चंदा एकत्र करनेवाला दल अलग था, जिसमें स्वयं सावित्रीबाई भी थीं। वे उन कंजूसों से भी कुछ-न-कुछ निकलवा लेती थीं, जो दान देने के नाम पर बिदकते थे।

कुछ तो ऐसे हठी भी सामने आए, जिन्होंने स्पष्ट कहा कि वे एक पाई भी नहीं देनेवाले, चाहे आसमान ही फट पड़े। ऐसे लोगों को समझाने का सावित्रीबाई फुले का जो ढंग था, वह कम रोचक नहीं था। वे अंत में कहती थीं—

''यदि आपने जिद ही ठान ली है तो ऐसा ही सही। अब हमें यह तो ज्ञात

हुआ कि आप इस समाज के प्रति कितने कठोर हैं। ऐसे कठोर व्यक्ति के साथ हमें भी कठोरता का व्यवहार करना होगा। अभी दो-चार दिन में आपकी इस आलीशान हवेली में चार बोरी चूहे आकर रहनेवाले हैं। इनसान से तो आपको प्रेम नहीं है, पर चूहों से निपटिएगा।''

कम शब्दों में अपनी बात का प्रभाव डालने की कला जाननेवाली सावित्रीबाई का यह अचूक बाण भयभीत करने में सक्षम सिद्ध होता और एक पाई भी न देने की हठ ठान चुका कंजूस दस-पाँच रुपए देने में भी हुज्जत न करता। सावित्रीबाई के साथ जाने वाली सहयोगी औरतें आश्चर्य में पड़ जातीं।

''बाईजी, यह तो सौगंध उठाता था कि एक पाई नहीं देगा, फिर आपने ऐसा क्या कह दिया, जो यह दस रुपया देने को तैयार हुआ?'' एक औरत ने पूछ लिया।

''भय बिनु प्रीत नहीं होती सखी!'' सावित्रीबाई हँसकर कहतीं, ''मैंने उसे समझाया कि हम उसके घर में चार बोरी चूहे छोड़ देंगे। आजकल चूहों का नाम महाराष्ट्र में आतंक का नाम है। बेचारा भयभीत हो गया। चूहों से डरना ही था।''

''मगर क्या आप सचमुच चूहे छोड़ देतीं!''

''इतनी कठोरता ईश्वर किसी को न दे, सखी! मानव को चाहिए कि वह कभी जानबूझकर किसी मानव को पीड़ित करने का कार्य न करे। मैंने केवल कह भर दिया था, अन्यथा मैं ऐसा न करने दे सकती हूँ और न कर सकती हूँ।''

''आश्चर्य है! वह इतना मूर्ख निकला कि केवल बात से ही डर गया।''

''यह मनोविज्ञान है। ऐसे लोगों में साहस की सदा कमी होती है। शंका सदैव इनके कान के पास बैठी रहती हैं। भय इनका सहचर होता है। इनमें सबको अपने जैसा दुष्ट मानने की धारणा बड़ी प्रबल होती है। अपनी दुष्टता से परिचित होने के कारण यह सहज ही दूसरे की दुष्टता की कल्पना कर लेते हैं।''

''बाईजी! आपने यह पढ़ाई कहाँ पढ़ी है?'' सखी भावविभोर हो गई।

''सखी, पुस्तकों में सब ज्ञान है। जिस जल को हम ज्ञान की देन कहते हैं, वह वास्तव में गैसों के संयोग से बनता है। जिस पृथ्वी को हमें गाय के सींग या शेषनाग के फन पर टिका बताया गया है, वह वास्तव में अंतरिक्ष में सूर्य के चारों ओर घूमती है। ये सब बातें शिक्षा बताती है। पुस्तकों में असीमित ज्ञान बिखरा पड़ा है।''

''यह तो बड़ी विचित्र जानकारी है। हमें भी ऐसी पुस्तकें पढ़नी हैं, बाई!''

"पढ़ लेना। मेरे पास ढेर सारी पुस्तकें हैं। महात्माजी ने मुझे यह अनमोल उपहार दिया है कि वे मेरे पास न रहकर भी रहते हैं। वे भी ज्ञान देते थे और पुस्तकें भी।"

"आप वास्तव में महान् नारी हैं, बाईजी! आपने नारीत्व का मान बढ़ाया है।"

सावित्रीबाई ऐसी ही थीं। व्यर्थ की बातें वे कभी नहीं करती थीं। उनकी हर बात में कोई-न-कोई संदेश होता था।

□

30

सावित्रीबाई का दृढ़ संकल्प

निजी समाजसेवी संस्थाओं की तैयारियाँ व्यापक थीं, जनसाधारण भी सचेत और सजग था। स्वच्छता के उपाय किए जा रहे थे। उन प्रतिनिधियों ने सरकार को भी ज्ञापन दिए, मगर क्षेत्र की भौगोलिक स्थिति और सूर्य के भीषण ताप ने अपना प्रभाव दिखाया तो सारी तैयारियाँ अपर्याप्त दिखने लगीं। प्लेग ने भयावह रूप धारण कर लिया और जनता त्राहि-त्राहि करने लगी। सरकार की उदासीनता में कोई बदलाव नहीं आया। यह अंग्रेजों की नीति थी कि जब तक भारी जनहानि न हो लेती थी, तब तक राहत कार्य भी शुरू न होते थे। समाचार-पत्र चीखते-चिल्लाते रहते, पर सरकारी अधिकारी अपनी कछुआ चाल, जो शासन द्वारा निर्धारित थी से ही काम करते थे।

कुछ ही दिनों में पुणे अस्त-व्यस्त हो गया। पीड़ितों की कराहों से गली-गली घर-घर गूँज उठा। चूहे गलियों में फुदकते देखे जाते थे। समाजसेवी लोग भी भय से उतनी निष्ठा से काम नहीं कर पा रहे थे, क्योंकि यह संक्रामक बीमारी थी। जनसेवा का व्रत लिया था, मगर प्राण देकर भी जनसेवा का इरादा रखनेवाले जनसेवी बहुत कम थे, फिर भी इन संस्थाओं के प्रयास प्रशंसनीय थे।

स्थान-स्थान पर अन्नक्षेत्र चलाए जा रहे थे। वैद्यों की टोलियाँ इधर से उधर भागी फिर रही थीं। अस्पतालों में मरीजों की कतारें लगी थीं। मुर्दों की संख्या भी बढ़ती जा रही थी। ऐसे दुर्भाग्यशाली भी थे जिन्हें किसी प्रकार की सहायता नहीं मिल सकी थी और उन्हें एड़ियाँ रगड़-रगड़कर प्राण त्यागने पड़े थे। विडंबना यह थी कि परिवारजन भी सहायता करने में हिचकिचा रहे थे।

इस भयावह स्थिति में बड़ा ही करुणीय दृश्य था। भूख, प्यास, प्लेग की पीड़ा अपनों की उपेक्षा, इन सब बातों ने पीड़ितों को जिंदा ही मार दिया था। जिस घर में किसी को प्लेग जकड़ता, वह अपनों से उपेक्षित हो जाता। क्षेत्र भर में पलायन

बढ़ गया था, तब कहीं जाकर ब्रिटिश शासन का राहत कार्य शुरू किया। घर-घर में दवा छिड़की जाने लगी, यद्यपि अधिकारियों का कहना था कि सरकार के पास इस महामारी को रोकने की दवा नहीं है और स्वच्छता ही इसका उपाय है।

सरकारी कार्यालय बंद कर दिए गए थे। अधिकारी वर्ग राजे-रजवाड़ों के महलों में मजे उड़ा रहे थे। जनता मर रही थी। यह तो संयोग या दुर्योग हुआ कि इसी समय भारत से लंदन पहुँचे कुछ अंग्रेजों में प्लेग के लक्षण दिखने लगे। इससे लंदन में भय व्याप्त हो गया, क्योंकि इससे पहले भारत में सन् 1865 में भारत से घूमकर लौटे कई अंग्रेज व्यापारी प्लेग से मर गए थे। तत्काल आदेश दिया गया कि भारत में भी इस महामारी को रोकने की व्यापक व्यवस्था ही जाए। वाइसराय ने आदेश मिलते ही प्रभावित क्षेत्रों में विशेष राहत दल नियुक्त कर दिए। पुणे में डिप्टी कलेक्टर मिस्टर रैंड को 'प्लेग कमीशन' की कमान सौंपी गई।

रैंड बड़ा ही क्रूर अंग्रेज था। उसके मन में भारतीयों के प्रति कोई दयाभावना नहीं थी। उसने सहायता के नाम पर झोंपड़े जलाने शुरू कर दिए। घरों में ताजा हवा भेजने के नाम पर दीवारें तोड़ दीं। निर्धन, पीड़ित लोगों के कपड़े फूँक दिए। घर-घर में छोटे सामान भी आग में झोंक दिए। लोगों को जबरन मारा-पीटा गया।

मिस्टर रैंड के सिपाही किसी भी घर में बिना इजाजत घुस जाते थे। साफ-सफाई के नाम पर घर की कीमती चीजों को जेब में डाल लेते। यह खुली लूट थी और उसे संसार में सबसे न्यायप्रिय शासन के रूप में विख्यात ब्रिटिश शासन के सिपाही अंजाम दे रहे थे। यहाँ तक तो सहन किया जा रहा था, मगर हद तो तब हो गई, जब इन सैनिकों ने मंदिरों में घुसकर मूर्तियों को अपवित्र करना शुरू कर दिया। इसके पीछे उनकी धनलोलुप और ईसाई मानसिकता थी। उन्होंने सुना था कि भारतीय मंदिरों में सोने की मूर्तियाँ पाई जाती हैं। इस कारण वे मंदिरों में घुसने लगे और सोने की चाह में मूर्तियों को तोड़ने लगे। इसके अलावा सैनिकों के अभद्र व्यवहार की घटनाएँ भी प्रकाश में आईं। वे लड़कियों और स्त्रियों के साथ छेड़छाड़ करते थे। यहाँ तक कि बलात्कार करने की बात भी सामने आई। इससे जनमानस में आक्रोश व्याप्त हो गया। इस बारे में लोकमान्य तिलक ने 'केसरी' में लिखा—

"रैंड के सैनिकों ने मंदिरों को अपवित्र किया तथा छोटी-बड़ी चीजें जेबों में डाल लीं। महिलाओं से अभद्रता की। हम इसे रोक नहीं पाए। हमारी स्थिति ऐसी है कि सरकार अत्याचार पर उतर आए तो भी हम कुछ नहीं कर सकते।"

विख्यात समाजसेविका परमाबाई ने भी इस अत्याचार के विरुद्ध आवाज उठाई और लोगों को प्रेरित किया कि वे अत्याचार से भयभीत न हों। इन सबके

साथ सत्यशोधक समाज की अध्यक्षा सावित्रीबाई फुले ने भी नगर चिकित्सकों की सहायता से एक प्रस्ताव पारित करके सरकार को भेजा कि सैनिकों द्वारा की जा रही कठोरता रोग उन्मूलन में बाधा बन रही है। लोग इन सैनिकों के भय से सरकारी अस्पतालों में नहीं जा पा रहे हैं और उपचार के अभाव में मर रहे हैं।

जब मिस्टर रैंड ने देखा कि उसने सिपाहियों को जो छूट दी थी, उससे वह आरोपों में घिर सकता है तो उसने थोड़ा विराम लिया। सैनिकों को चेतावनी दी और कुछ कठोरता अपनाई।

यह मार्च, 1897 का समय था, जबकि प्लेग अपने चरम था। सरकारी सहायता और राहतकार्य संदेह के घेरे में आ गए थे। ऐसे में समाजसेवी संस्थाओं को ही पीड़ितों की सहायता करनी थी। सावित्रीबाई फुले स्वयं गाँव-गाँव घूमकर प्लेग पीड़ितों को अपने बेटे यशवंत के अस्पताल में भेज रही थी। साधनों का अभाव था, फिर भी सावित्रीबाई की निष्ठा और समर्पण देखकर सहयोगियों में उत्साह का संचार होता था। उन्होंने कब खाना खाया, कब सोईं, कोई नहीं जानता था। सबने उन्हें मातृत्व पीड़ितों की सहायता करते देखा। सेवा करते देखा। वे अस्पताल में आकर भी रोगियों के बीच ही रहतीं। एक दिन यशवंत ने बड़ी हिचकिचाहट से कहा भी, ''आई! आप इस तरह बिना किसी रोग-अवरोधी उपकरण के इन रोगियों से मिलती रहती है। मुझे भय है कि कहीं आप भी इस बीमारी से ग्रस्त न हो जाएँ।''

''बेटा! तू किस दिन काम आएगा! जब तू इतने लोगों का उपचार कर रहा है तो मेरा भी करना। एक रोगी ही तो बढ़ जाएगा। जब तक स्वस्थ हूँ, तब तक इन लोगों की सेवा कर लेती हूँ, जब बीमार हो जाऊँगी तो तुम्हारी सेवा पाऊँगी।''

''आई! आप समझती क्यों नहीं। यह बहुत कठिन बीमारी है। मैं डॉक्टर हूँ और मैं जानता हूँ कि इसके अधिकांश रोगी जीवित नहीं रहते, क्योंकि इसमें रोगी की रोग-प्रतिरोधक क्षमता निम्न स्तर पर चली जाती है।'' यशवंत ने बताया।

''क्या कह रहे हो, भाऊ! क्या तुम्हारे पास ऐसी दवा नहीं कि जो रोगी को पूरी तरह से ठीक कर दे!'' सावित्रीबाई चिंतित हो उठीं।

''दुर्भाग्य से ऐसी कोई दवा नहीं, जो गंभीर रूप से बीमार रोगी के प्राण बचा सके। आरंभिक चरण में उपचार कराया जाए तो लाभ मिलता है, मगर एक स्थिति ऐसी आती है, जब कोई दवा काम नहीं करती।''

''यह तो बड़ी भयानक बात सुनाई तुमने।''

''यही सच्चाई है, इसलिए मैं आपसे विनती कर रहा हूँ कि आप इन रोगियों के संपर्क में अधिक न रहे। इससे आप बीमार हो सकती हैं। आई! अभी आपकी

इन सबको बहुत आवश्यकता है। जो महान् कार्य आप कर रही हैं और आपके मार्गदर्शन में हम सब कर रहे हैं, उसमें तब कोई उत्साह नहीं रह जाएगा, जब आप हमारे साथ नहीं होंगी।''

''बेटा! तुम्हारी बात सच हो सकती है, परंतु मैं केवल इस भय से अपने और महात्माजी के व्रत को खंडित नहीं कर सकती कि मुझे भी बीमारी जकड़ लेगी। मैं पीड़ितों की कराह सुनकर किसी कमरे में बंद नहीं रह सकती, फिर भी तुम्हारी बात मैं ध्यान में रखूँगी। तुमने कहा है भी कि प्रारंभिक चरण में उपचार मिलने से लाभ मिल जाता है तो जैसे ही मुझे लगेगा कि मैं इस बीमारी की चपेट में आ रही हूँ तो तत्काल तुम्हारे अस्पताल में एक चारपाई पकड़ लूँगी।''

''आई! इतने सारे लोग तो काम पर लगे हैं। आप संस्था की सर्वेसर्वा हैं। इलाके में काम देखना आपका काम नहीं है। आप बैठकर दिशा-निर्देश देती रहें। ऐसा खतरा ही क्यों लिया जाए कि आप बीमार हों।''

''जो लोग काम पर लगे हैं, वे तुमसे या मुझसे वेतन नहीं लेते, बेटा! सब निस्स्वार्थ सेवा में लगे हैं। उनका महत्त्व हमसे कहीं भी कम नहीं है। तुम्हारे काका श्री कहते थे कि जिस दल का मुखिया कार्यक्षेत्र में न हो, वह दल अपेक्षित परिणाम नहीं दे सकता, क्योंकि उसका उत्साह उनके मुखिया में होता है।''

''आपकी बातें मेरी समझ से बाहर हैं। मैं आपसे यही विनती करता हूँ कि आप अपना खयाल रखें। हमें आपकी बहुत आवश्यकता है।''

''बेटा! प्रश्न हमारी आवश्यकता का नहीं। यह तो ईश्वर निर्धारित करता है कि किसकी कहाँ कितनी आवश्यकता है।''

''ईश्वर भी जानता है कि इस समाज को आपकी कितनी आवश्यकता है।''

''फिर भय कैसा? जब सब उनके अधीन है तो चिंतित होना व्यर्थ है।''

यशवंत और क्या कहता! सावित्रीबाई का संकल्प इतना दृढ़ था कि उसमें किसी भय, आंशका या अकर्मण्यता का सर्वथा अभाव था।

□

31

परलोक की यात्रा पर

सावित्रीबाई अपनी कुछ सहयोगी महिलाओं और लहुजीबुवा के साथ ताँगा लेकर दलित बस्ती में पहुँचीं। शहर से कुछ दूर इस बस्ती में कुछ अधिक ही प्रकोप था। इसका कारण वहाँ के हरिजन लोगों में स्वच्छता के प्रति सजगता नहीं थी। बहुत समझाया जा चुका था, परंतु अपनी लीक से हटना उन्होंने सीखा ही नहीं था। उस बस्ती से रोज दो-चार मरीज आ रहे थे। सावित्रीबाई ने जब कोई उपाय न देखा तो पुलिस सहायता से बस्ती खाली कराने का निर्णय लिया। लोगों को रखने के लिए एक हवेली की व्यवस्था कर दी गई। जब पुलिस ने बस्ती खाली करने के लिए घोषणा कर दी तो शाम तक बस्ती खाली हो गई थी, मगर कुछ लोगों का कहना था कि बस्ती में अभी भी प्लेग पीड़ित रह गए हैं। इसी लिए सुबह होते ही सावित्रीबाई उस बस्ती में पहुँच गईं।

हर घर, हर झोंपड़ी की तलाशी लेने का निर्णय लिया गया। सावित्रीबाई का हृदय उस समय चीत्कार कर उठा, जब उन्होंने एक झोंपड़ी में एक गर्भवती स्त्री को तड़पते-कराहते देखा। उसके परिवारवालों की निर्दयता पर उन्हें क्रोध भी आया। वह गर्भवती जिस प्रकार हाथ-पैर फेंक रही थी, उससे सावित्रीबाई समझ गईं कि उसका प्रसव समय है। उन्होंने तत्काल ताँगे में डालकर उसे अपनी सहयोगियों के साथ अस्पताल भेज दिया। क्योंकि प्रसव समय था तो स्त्रियों का साथ होना जरूरी था। पीछे सावित्रीबाई और लहुजीबुवा रह गए। ताँगेवाले को जल्दी लौट आने का निर्देश दिया गया। अगले ही एक मकान में एक छह वर्षीय कन्या तड़पती मिली तो उस लोकमाता का हृदय कराह उठा। आज भी नारी इस दयनीय दशा में थी। इतने प्रयासों के बाद भी कुछ हठधर्मी नारी को कुछ नहीं समझते थे।

"लहुजीबुवा, इसकी स्थिति गंभीर है। साँस अटक रही है।" सावित्रीबाई गंभीर स्वर में बोली, "जल्दी उपचार न मिला तो यह मर जाएगी। तुम इसे उठाकर

अपने कंधे पर डालो और पूरी क्षमता से भागते जाओ। ईश्वर तुम्हारी मदद करेंगे। इस नन्हीं सी जान को बचाओ। शीघ्रता करो।''

''इस सुनसान बस्ती में आप अकेली⋯।''

''लहुजीबुवा मुझे कुछ नहीं होगा। समय को पहचानो। अपनी आँखों के सामने इस कन्या को दम तोड़ते देखने का साहस मुझमें नहीं है। शीघ्र जाओ और शीघ्र ही लौट आना। उधर से ताँगा भी मिल जाएगा। मैं तब तक और घरों को देखती हूँ कि कहीं कोई अभागा या अभागी मृत्यु से बचने को तड़प तो नहीं रहे।''

लहुजीबुवा उन्हें अकेली छोड़कर नहीं जाना चाहता था, परंतु आदेश की अवहेलना भी नहीं कर सकता था। उसने पीड़िता को उठाकर कंधे पर डाला और वहाँ से लपकता हुआ चला गया। सावित्रीबाई ने हाथ जोड़कर ईश्वर से प्रार्थना की कि उस कन्या को इतनी साँस अवश्य दे दे कि वह उपचार पा सके।

सावित्रीबाई की आयु इस समय 67 वर्ष थी। वृद्धावस्था के चिह्न दिख रहे थे, मगर उत्साह में अभी भी युवाओं जैसी धमक थी। वे बस्ती के हर घर, हर झोंपड़ी में घुसकर देख रही थीं। लगता था जैसे संभवत: अब कोई नहीं मिलेगा, पर फिर मिला।

एक घर के एक अँधेरे कमरे में वह लड़का बुरी तरह कराह रहा था। कमरे का दरवाजा भी बाहर से बंद था। सावित्रीबाई ने कराह सुनी और दरवाजा खोला, अँधेरे में से उस लड़के को बाहर लाईं। वह आठ साल का लड़का था। बुखार से तप रहा था और आँखें पलट रही थीं। लगता था कि किसी भी क्षण उसकी साँस रुक जाएगी।

सावित्रीबाई ने क्षण भर भी विचार न किया और उस लड़के को अपने कंधे पर डाल लिया। उनका शरीर सुदृढ़ था। और संकल्प मजबूत। क्यों उस स्त्री को महान् नारी कहा गया, यह उसके इस सेवाभाव और मातृत्व को देखने से सहज पता चल जाता है। उनके कदमों ने गति पकड़ ली थी। जिस आयु में साधारण लोग अपने शरीर का भार नहीं सँभाल सकते, उस आयु में वे एक आठ वर्षीय किशोर को लादकर बड़ी दृढ़ता से चली जा रही थीं। शहर अधिक दूर नहीं था और आशा यह भी थी कि रास्ते में ताँगा मिल जाए। एक मील की दूरी उन्होंने तय कर ली और शहर में आ गई। तब लहुजीबुवा दौड़ता आता दिखाई दिया, तो श्रद्धा और आश्चर्य से जड़ हो गया।

''लो, इसे भी सँभालो। इसकी भी जान बस अटकी है।'' सावित्रीबाई हँसकर बोलीं, ''ऐसे क्या देख रहे हो ? अभी बहुत शक्ति शेष है। वह लड़की वहाँ तक

पहुँच गई? और ताँगा क्यों नहीं लौटा अभी तक?''

''माई! लड़की तो मैंने पहुँचा दी।'' लहुजीबुवा सजल श्रद्धा से बोला, ''ताँगा इसलिए नहीं आ सका, क्योंकि उस औरत का प्रसव रास्ते में ही हो गया था। आपकी कृपा से जच्चा-बच्चा दोनों जीवित हैं। ताँगे को वह साफ कर रहा था तो मैं पैदल ही दौड़ा चला आया। आपने मेरी प्रतीक्षा भी नहीं की।''

''मैं तो करती भाऊ, पर यह बच्चा न कर पाता। जाने कैसे अब तक इसकी साँसें चल रही हैं। अब चलो जल्दी। इसे उपचार दिलाना है।''

लहुजीबुवा ने लड़के को कंधे पर डाला और दौड़ता हुआ अस्पताल की ओर चला गया। उसने रोगी को डॉक्टर के हवाले किया और लोकमाता की मातृत्व भरी बात सबको सजल नेत्रों से सुनाई। सब उस दिव्य नारी के दर्शन करने को उत्सुक थे। जब वे आईं तो लोग उनके चरणों में नत हो गए।

सावित्रीबाई ने लहुजीबुवा को देखा, जिसने हाथ जोड़ दिए।

''लहुजीबुवा, यह तुमने ठीक नहीं किया। मुझे महिमामंडित करने की क्या आवश्यकता है! यह तो हमारा व्रत है, संकल्प है। अब शीघ्रता से उसी बस्ती में जाओ और देखो कि कोई रह तो नहीं गया। कुछ घर मैं देख नहीं पाई।''

''जो आज्ञा माई!'' लहुजीबुवा तेज रफ्तार से वहाँ से दौड़ गया।

''मैंने कोई अनहोनी नहीं की। यह मेरी प्रवृत्ति है। यह मेरा कार्य है।'' सावित्रीबाई ने सहज स्वर में लोगों को समझाया, ''मानवता का यही धर्म है, इसलिए मेरे धर्म-निर्वाह को मेरा चमत्कार न मानो। याद रखो कि संसार में मानव का काम मानव की सेवा करना है। जरूरतमंदों की सेवा करना।''

सावित्रीबाई फुले की इस उदारता, मातृभावना और जनसेवा के विषय में जो भी सुनता, वही श्रद्धा से नत हो जाता। उस देवी तुल्य नारी को लोगों ने दीन-हीन दलितों की सेवा में ही रत देखा था। उसका सारा जीवन ही जनसेवा की भव्य झाँकी था। अपने लिए जीने वाले लाखों करोड़ों हुए और मर गए, मगर जन-जन के लिए जीने वाले गिनती में हुए और मरकर भी कभी नहीं मरे। वे अमर हो गए।

इस घोर संक्रमण काल में सावित्रीबाई अपने स्वास्थ्य की चिंता किए बिना दिन-रात प्लेग पीड़ितों की सेवा में लगी रहीं और कब वे संक्रमण की चपेट में आ गईं, किसी को पता न चला। 9 मार्च, 1897 की सुबह जब लहुजीबुवा ने देखा कि माई अपने निर्धारित समय पर नहीं जागीं तो उसने अंदर जाकर देखा। सावित्रीबाई बुखार से अचेत थीं। लहुजीबुवा घबरा गया। तत्काल उठाकर अस्पताल लेकर आया। यशवंत राव फुले के भी हाथ-पैर फूल गए। उसने अनेक मरीज देखे थे,

वह अपने पेशे में दक्ष था, लेकिन अपनी माता की नब्ज पकड़ते काँप रहा था। सारे लक्षण प्लेग के थे। जिसकी आशंका थी, वही हुआ। तत्काल विशेष चिकित्सा कक्ष में ले जाया गया और उपचार आरंभ हो गया।

10 मार्च, 1897 को भारत की प्रथम दलित छात्रा, प्रथम अध्यापिका, प्रथम नारी स्वर की उद्घोषिका, प्रथम समाजसेवी, ममतामयी लोकमाता सावित्रीबाई फुले इस लोक से विदा लेकर परलोक की यात्रा पर निकल पड़ीं। दूर कहीं क्षितिज में तारे के रूप में विद्यामान महात्मा ज्योतिबा फुले ने अवश्य ही अपनी विदुषी, नारियों में श्रेष्ठ और ज्ञान की प्रतिमूर्ति पत्नी का स्वागत बाँहें फैलाकर किया होगा।

भूमि पर तो उनका शरीर रह गया था और वे मृत शरीर पर अश्रु बहाने की परंपरा को तोड़ने का संदेश देकर गई थीं, फिर भी वे उन दुखी हृदयों के विलाप को तो नहीं रोक सकती थीं, जो उनके मानवता के संदेश को मानने वालों के हृदय में था। मानवता यह भी तो कहती है कि सच्चे मानव की मृत्यु पर अश्रुपूर्ण श्रद्धांजलि स्वत: ही हृदय से बाहर निकलती है।

□□□